Impressum
Verlag: BABADADA GmbH, Nedderfeld 112 , 22529 Hamburg
Geschäftsführer / Verlagsleitung: Harald Hof
Druck: Books on Demand GmbH, In de Tarpen 42, 22848 Norderstedt

Imprint
Publisher: BABADADA GmbH, Nedderfeld 112 , 22529 Hamburg, Germany
Managing Director / Publishing direction: Harald Hof
Print: Books on Demand GmbH, In de Tarpen 42, 22848 Norderstedt

ໂຮງຮຽນ

escola

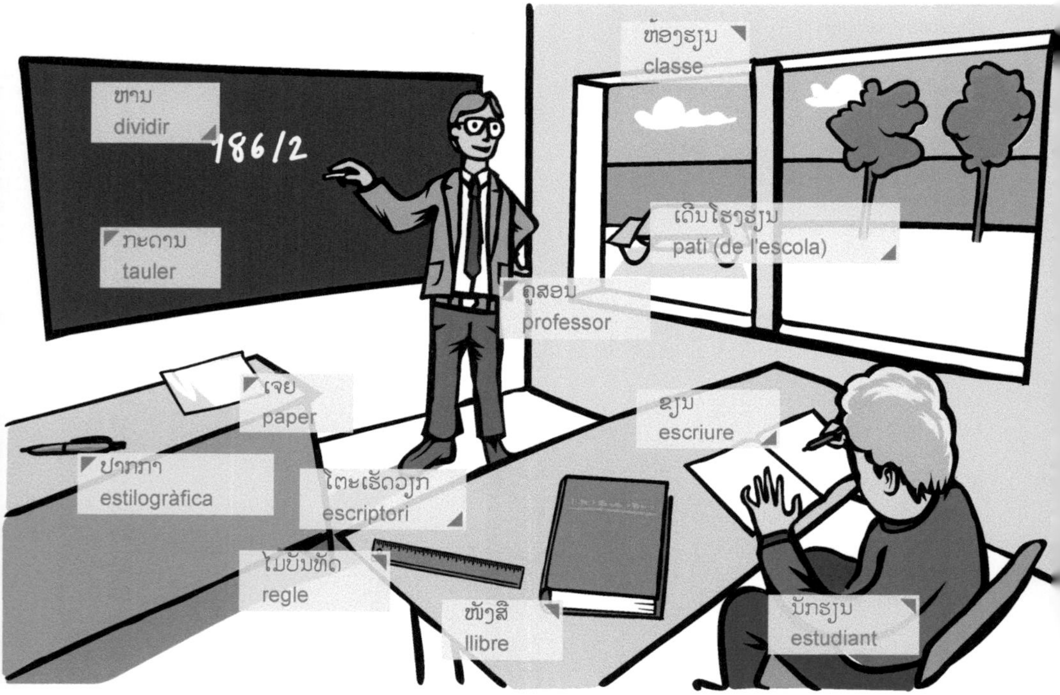
ຫ້ອງຮຽນ
classe
ຫານ
dividir
186/2
ກະດານ
tauler
ເດີ່ນໂຮງຮຽນ
pati (de l'escola)
ຄູສອນ
professor
ເຈ້ຍ
paper
ຂຽນ
escriure
ປາກກາ
estilogràfica
ໂຕະເຮັດວຽກ
escriptori
ໄມ້ບັນທັດ
regle
ໜັງສື
llibre
ນັກຮຽນ
estudiant

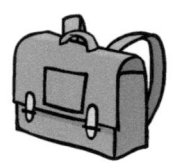

ກະເປົາໃສ່ປຶ້ມທີ່ມີສາຍພາຍ

bossa

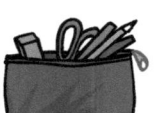

ກັບສໍດໍາ

estoig

ສໍດໍາ

llapis

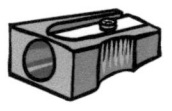

ເຄື່ອງແຫຼມສໍ

maquineta de fer punta

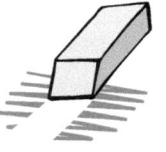

ຢາງລຶບ

goma

ສະໝຸດແຕ້ມຮູບ

bloc de dibuix

ພາບວາດ

dibuix

ແປງທາສີ

pinzell

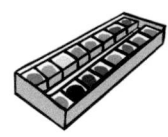

ກ່ອງສີ

capsa de pintures

ມິດຕັດ

tisores

ກາວ

cola

ປຶ້ມເຝິກຫັດ

quadern d'exercicis

ວຽກບ້ານ

deures

12

ຕົວເລກ

nombre

2+2

ບວກ

afegir

5-2

ລົບ

sostreure

2×2

ຄູນ

multiplicar

ຄິດໄລ່

calcular

A

ຕົວອັກສອນ

lletra

ABCDEFG
HIJKLMN
OPQRSTU
VWXYZ

ພະຍັນຊະນະ

alfabet

hello

ຄຳສັບ

mot

ຂໍ້ຄວາມ

text

ອ່ານ

llegir

ສໍຂາວ

guix

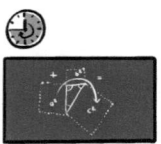

ບົດຮຽນ

lliçó

ລິງທະບຽນ

llibre de classe

ການສອບເສັງ

examen

ໃບຍັ້ງຢືນ

certificat

ຊຸດນັກຮຽນ

uniforme escolar

ການສຶກສາ

formació

ປຶ້ມຮວບຮວມຄວາມຮູ້ສາລະພັດ

enciclopèdia

ມະຫາວິທະຍາໄລ

universitat

ກ້ອງຈຸລະທັດ

microscopi

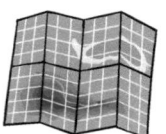

ແຜນທີ່

mapa

ກະຕ່າໃສ່ເສດເຈ້ຍ

paperera

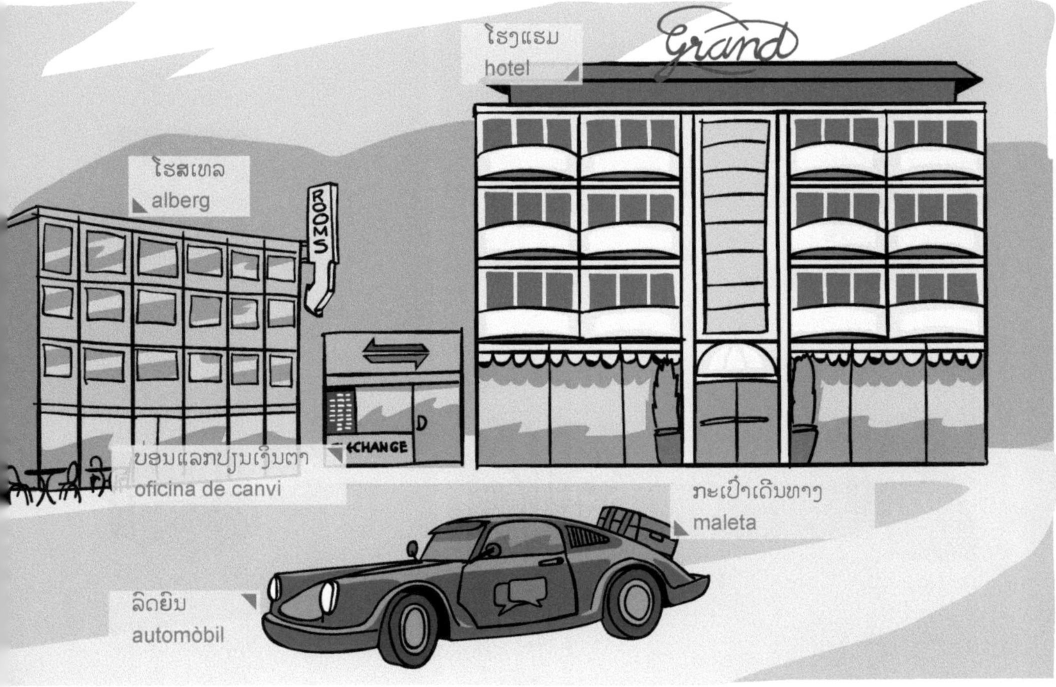
ໂຮງແຮມ
hotel
Grand
ໂຮສເທລ
alberg
ROOMS
CHANGE
ບ່ອນແລກປ່ຽນເງິນຕາ
oficina de canvi
ກະເປົາເດີນທາງ
maleta
ລົດຍົນ
automòbil

ພາສາ

llengua

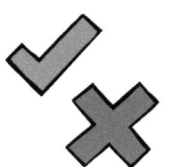

ແມ່ນ / ບໍ່ແມ່ນ

sí / no

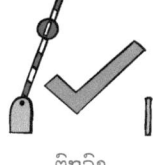

ຕົກລົງ

D'acord

ສະບາຍດີ

Ey!

ນັກແປພາສາ

traductora

ຂອບໃຈ

gràcies

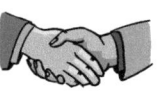

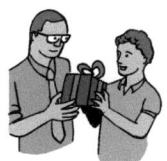

ລາຄາເທົ່າໃດ...?

Quant costa... ?

ຂ້ອຍບໍ່ເຂົ້າໃຈ

No entenc

ບັນຫາ

problema

ສະບາຍດີຕອນແລງ!

Bona nit!

ສະບາຍດີຕອນເຊົ້າ!

bon dia!

ລາຕິສະຫວັດ

bona nit!

ລາກ່ອນ

fins aviat

ທິດທາງ

direcció

ກະເປົ໋າເດີນທາງ

bagatge

ກະເປົ໋າ

bossa

ກະເປົ໋າພາຍຫຼັງ

sarrona

ແຂກ

convidat

ຫ້ອງ

cambra

ຖົງໃສ່ເຄື່ອງນອນ

sac de dormir

ເຕັ້ມ

tenda

ຂໍ້ມູນນັກທ່ອງທ່ຽວ

oficina de turisme

ຊາຍຫາດ

platja

ບິດເຄຣດິດ

carta de crèdit

ອາຫານເຊົ້າ

esmorzar

ອາຫານທ່ຽງ

dinar

ອາຫານແລງ

sopar

ປີ້

bitllet

ລິຟ

ascensor

ສະແຕມ

segell

ພົມແດນ

frontera

ພາສີ

duana

ສະຖານຫູດ

ambaixada

ວິຊາ

visat

ໜັງສືຜ່ານແດນ

passaport

ຂົນສົງ

transport

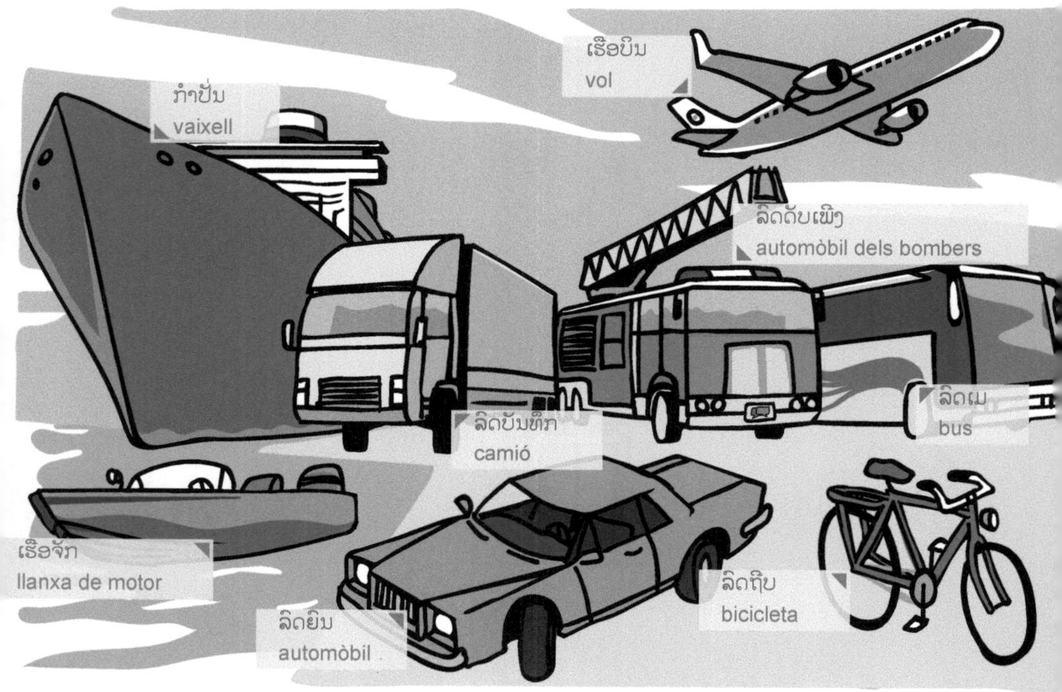

ກຳປັ່ນ
vaixell
ເຮືອບິນ
vol
ລົດດັບເພີງ
automòbil dels bombers
ລົດບັນທຸກ
camió
ລົດເມ
bus
ເຮືອຈັກ
llanxa de motor
ລົດຍົນ
automòbil
ລົດຖີບ
bicicleta

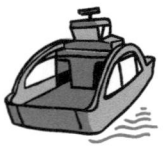

ເຮືອຂ້າມຟາກ

transbordador

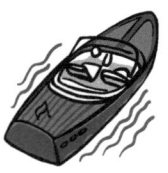

ເຮືອ

barca

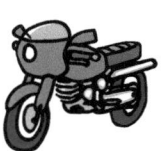

ລົດຈັກ

moto

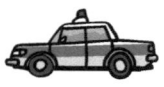

ລົດຕຳຫຼວດ

automòbil de policia

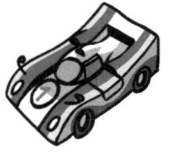

ລົດແຂ່ງ

automòbil de curses

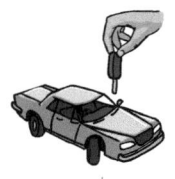

ລົດເຊົ່າ

automòbil de lloguer

ການແບ່ງປັນກັນໃຊ້ລົດ

vehicle compartit

ລົດລາກ

grua

ລົດຂົນຂີ້ເຫຍື້ອ

camió de les escombraries

ເຄື່ອງຍົນ

motor

ເຊື້ອໄຟ

benzina

ປໍ້ານໍ້າມັນ

benzineria

ປ້າຍຈາລະຈອນ

senyal de trànsit

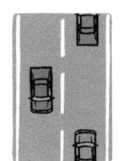

ການຈາລະຈອນ

trànsit

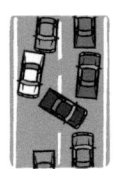

ການຈາລະຈອນຕິດຂັດ

embús

ບ່ອນຈອດລົດ

aparcament

ສະຖານີລົດໄຟ

estació de trens

ລາງລົດໄຟ

vies

ລົດໄຟ

tren

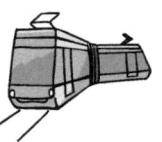

ລົດລາງ

tramvia

ຕູ້ລົດໄຟ

vagó

ເຮລິຄອບເຕີ

helicòpter

ສະໜາມບິນ

aeroport

ຫໍຄອຍ

torre

ຜູ້ໂດຍສານ

passatger

ຕູ້ບັນຈຸສິນຄ້າ

contenidor

ກ່ອງເຈ້ຍ

capsa de cartó

ກວງມ

carretó

ກະຕ່າ

cistella

ເຮືອບິນຂຶ້ນ / ເຮືອບິນລົງຈອດ

enlairar-se / aterrar

ເມືອງ

ciutat

ບ້ານ

poble

ໃຈກາງເມືອງ

centre de la ciutat

ເຮືອນ

casa

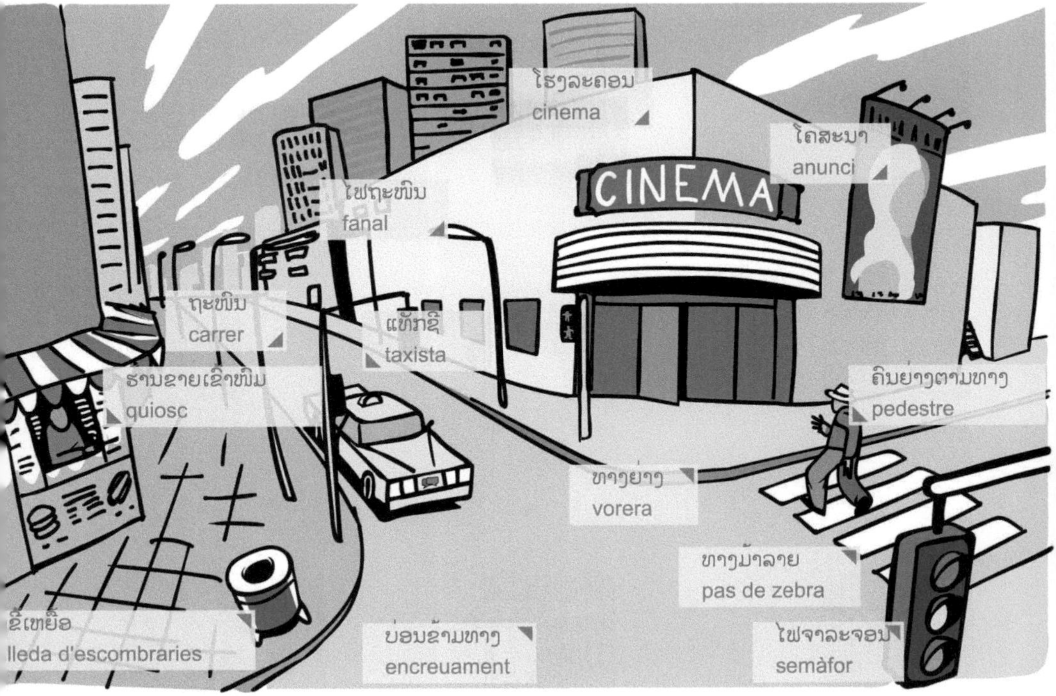

ໂຮງລະຄອນ
cinema

ໂຄສະນາ
anunci

ໄຟຖະໜົນ
fanal

ຖະໜົນ
carrer

ແທັກຊີ
taxista

ຮ້ານຂາຍເຄື່ອງໝົນ
quiosc

ຄົນຍ່າງຕາມທາງ
pedestre

ທາງຍ່າງ
vorera

ທາງມ້າລາຍ
pas de zebra

ຂີ້ເຫຍື້ອ
lleda d'escombraries

ບ່ອນຂ້າມທາງ
encreuament

ໄຟຈາລະຈອນ
semàfor

CINEMA

ຕູບ
cabana

ແຟລດ
apartament

ສະຖານີລົດໄຟ
estació de trens

ໂຮງການເມືອງ
casa de la vila-ciutat

MUSEUM

ທຳພິພິດຕະພັນ
museu

ໂຮງຮຽນ
escola

ມະຫາວິທະຍາໄລ

universitat

ທະນາຄານ

banca

ໂຮງໝໍ

hospital

ໂຮງແຮມ

hotel

ຮ້ານຂາຍຢາ

farmàcia

ຫ້ອງການ

oficina

ຮ້ານຂາຍພັ້ງສື

llibreria

ຮ້ານຄ້າ

botiga

ຮ້ານຂາຍດອກໄມ້

floristeria

ຊຸບເປີ້ມາກເກັດ

supermercat

ຕະຫຼາດ

mercat

ຫ້າງສັບພະສິນຄ້າ

gran magatzem

ຮ້ານຂາຍປາ

peixateria

ສູນການຄ້າ

centre comercial

ທ່າເຮືອ

port

ສວນສາທາລະນະ

parc

ແຜ່ນນັ່ງ

banc

ຂົວ

pont

ຂັ້ນໃດ

escala

ລົດໄຟໃຕ້ດິນ

metro

ອຸໂມງ

túnel

ປ້າຍລົດເມ

parada d'autobús

ຮ້ານຂາຍເຫຼົ້າ

bar

ຮ້ານອາຫານ

restaurant

ຕູ້ໄປສະນີ

bústia de correu

ປ້າຍຊີ້ທຸະທິນ

senyal indicador

ມິເຕີ້ເກັບຄ່າຝາກລົດ

parquímetre

ສວນສັດ

zoo

ສະລອຍນ້ຳ

piscina

ວັດມຸດສະລິມ

mesquita

ຟາມ

granja

ມົນລະພິດ

pol·lució

ສຸສານ

cementiri

ໂບດ

església

ເດີ່ນຫຼິ້ນຂອງເດັກນ້ອຍ

parc infantil

ວັດມຸດສະລິມ

temple

ພູມິປະເທດ

paisatge

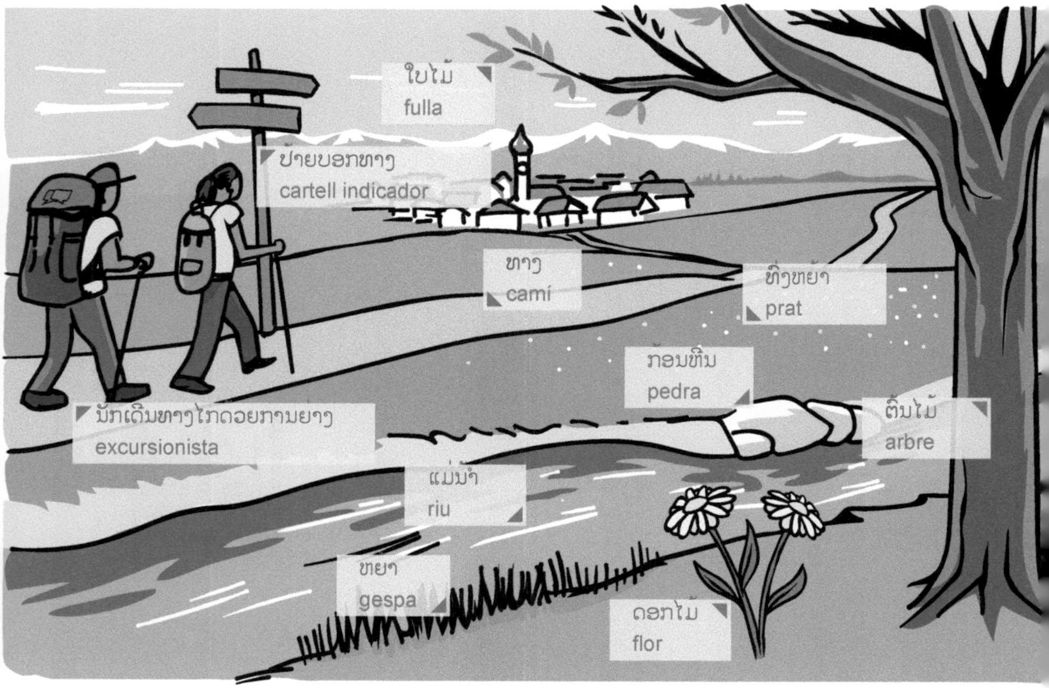

ໃບໄມ້
fulla

ປ້າຍບອກທາງ
cartell indicador

ທາງ
camí

ທົ່ງຫຍ້າ
prat

ກ້ອນຫີນ
pedra

ຕົ້ນໄມ້
arbre

ນັກເດີນທາງໄກດ້ວຍການຍ່າງ
excursionista

ແມ່ນ້ຳ
riu

ຫຍ້າ
gespa

ດອກໄມ້
flor

ຮ່ອມພູ

vall

ເນີນເຂົາ

muntanya

ທະເລສາບ

llac

ປ່າ

bosc

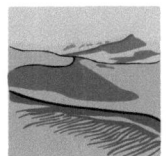

ທະເລຊາຍ

desert

ພູເຂົາໄຟ

volcà

ທຳປະສາດ

castell

ຮຸ້ງກິນນ້ຳ

arc de Sant Martí

ເຫັດ

bolet

ຕົ້ນປາມ

palmera

ຍຸງ

moscard

ແມງວັນ

mosca

ມົດ

formiga

ເຜິ້ງ

abella

ແມງມຸມ

aranya

ແມງປີກແຂງ

escarabat

ກິບ

granota

ກະຮອກ

esquirol

ເຫັ້ນ

eriçó

ກະຕ່າຍປ່າ

llebre

ນົກເຄົ້າ

òliba

ນົກ

ocell

ຫົງ

cigne

ໝູປ່າຕົວຜູ້

senglar

ກວາງ

cervo

ກວາງໃຫຍ່

ant

ເຂື່ອນ

presa

ໝາກປືນ

turbina

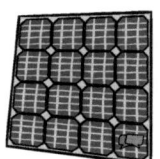

ແຜງໂຊລາເຊລ

panell solar

ສະພາບອາກາດ

clima

ຄົນເສີບຂາຍ
cambrer

ລາຍການອາຫານ
menú

ຕັ່ງນັ່ງ
cadira

ພິສຊາ
pizza

ຊຸບ
sopa

ເຄື່ອງໃຊ້ເທີງໂຕະອາຫານ
coberts

ຜ້າປູໂຕະ
tovalla

ອາຫານເລີ່ມຕົ້ນ

primer plat

ອາຫານຈານຫຼັກ

plat principal

ຂອງຫວານ

darreries

ເຄື່ອງດື່ມ

begudes

ອາຫານ

menjar

ຂວດແກ້ວ

ampolla

ອາຫານຈານດ່ວນ

menjar ràpid

ຮ້ານຂ້າງທາງ

menjar de carrer

ເຕົ້ານ້ຳຊາ

tetera

ຖ້ວຍນ້ຳຕານ

sucrer

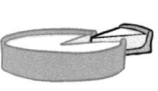

ສ່ວນແບ່ງອາຫານສຳລັບຜື່ງຄົນ

porció

ເຄື່ອງຊົງກາເຟເອສເປຣສໂຊ

màquina d'espresso

ເກົ້າອີ້ສູງ

trona

ໃບເກັບເງິນ

factura

ຖາດ

plata

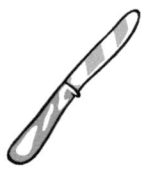

ມີດ

ganivet

ສ້ອມ

forqueta

ບ່ວງ

cullera

ຊ້ອນຊາ

cullereta

ຜ້າເຊັດປາກຢູ່ໂຕະອາຫານ

tovalló

ຈອກແກ້ວ

got

ຈານ
plat

ຈານຊຸບ
plat de sopa

ຈານຮອງ
plateret

ຊອສ
salsa

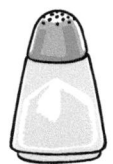

ກະປຸກເກືອ
saler

ກະປຸກພິກໄທ
molinet de pebre

ນ້ຳສົ້ມສາຍຊູ
vinagre

ນ້ຳມັນພືດ
oli

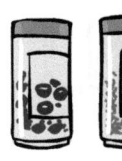

ເຄື່ອງເທດ
espècies

ຊອສໝາກເດັ່ນ
quètxup

ຜັກຈຳພອກຜັກກາດ
mostassa

ມາຍອນເນສ
maionesa

ຊູບເປີມາກເກັດ
supermercat

ຂໍ້ສະເໜີພິເສດ
oferta especial
FOR
ລູກຄ້າ
client
ຜະລິດຕະພັນທີ່ເຮັດຈາກນົມ
productes lactis
ໝາກໄມ້
fruites
ລົດຊຸກ
carret de la compra

BUTCHERS

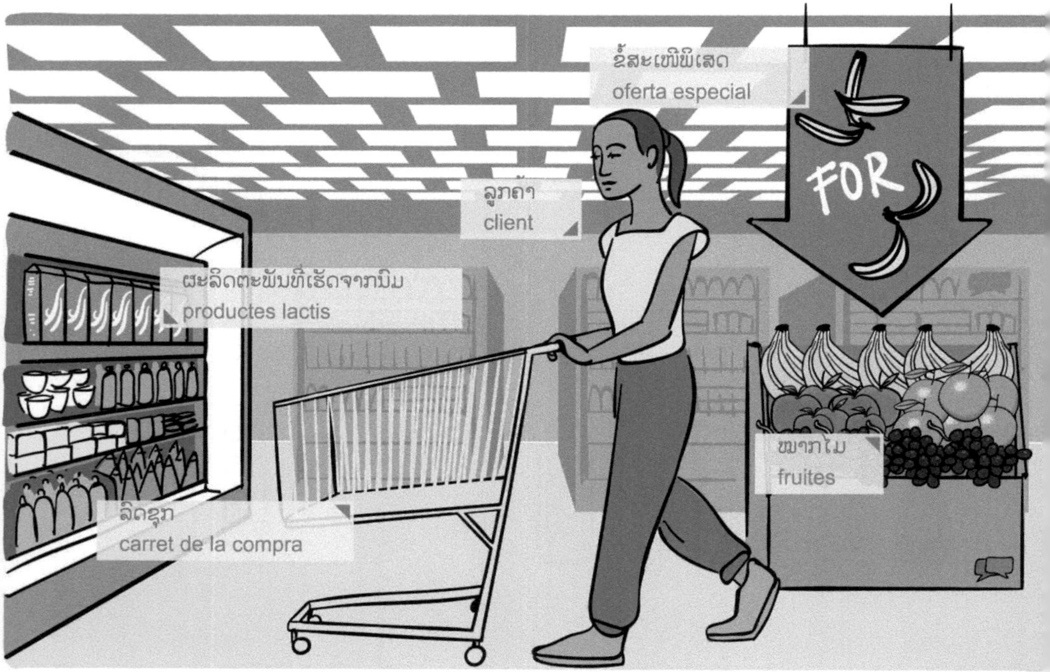

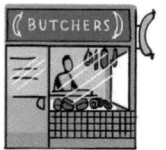

ຮ້ານຂາຍຊີ້ນ

carnisseria

BAKERY

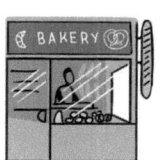

ຮ້ານຂາຍເຂົ້າໜົມປັງ

forn de pa

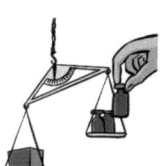

ຊັ່ງນ້ຳໜັກ

pesar

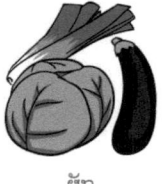

ຜັກ

verdures

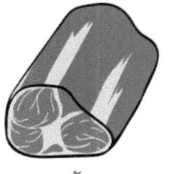

ຊີ້ນ

carn

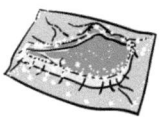

ອາຫານແຊ່ແຂງ

menjar congelat

ຊີ້ນເຢັນ

carn freda

ອາຫານກະປ໋ອງ

conserves

ແຜ່ນຊັກເຄື່ອງ

detergent en pols

ເຂົ້າໜົມຫວານ

dolços

ຜະລິດຕະພັນໃນຄົວເຮືອນ

articles domèstics

ຜະລິດຕະພັນທຳຄວາມສະອາດ

productes de neteja

ພະນັກງານຂາຍຍິງ

venedora

ເຄື່ອງຄິດເງິນ

caixa registradora

ພະນັກງານເງິນສົດ

caixera

ລາຍການຊື້ເຄື່ອງ

llista de la compra

ເວລາເປີດເຮັດວຽກ

horari d'obertura

ກະເປົ໋າເງິນ

portamonedes

ບັດເຄຣດິດ

carta de crèdit

ຖົງ

bossa

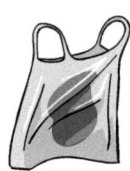

ຖົງຢາງ

bossa de plàstic

ນ້ຳ

aigua

ນ້ຳໝາກໄມ້

suc

ນົມ

llet

ໂຄກ

coca-cola

ວາຍ

vi

ເບຍ

cervesa

ເຫຼົ້າ

alcohol

ໂກໂກ້

cacau

ຊາ

te

ກາເຟ

cafè

ເອສເປຣສໂຊ

espresso

ຄາປູຊີໂນ

cappuccino

ໝາກກ້ວຍ

banana

ແອັບເປິ້ມ

poma

ໝາກກ້ຽງ

taronja

ໝາກໂມ

síndria

ໝາກນາວ

llimona

ທິວກະຮິດ

pastanaga

ຜັກຫງມ

all

ຕົ້ນໄຜ່

bambú

ຫອມບົ່ວ

ceba

ເຫັດ

bolet

ຖົ່ວ

avellanes

ເສັ້ນໝີ່

fideus

ສະປາແກັດຕີ້

espaguetis

ເຂົ້າ

arròs

ສະຫຼັດ

amanida

ມັນຝຣັ່ງທອດ

patates fregides

ມັນຝຣັ່ງທອດ

patates fregides

ພິສຊາ

pizza

ແຮມເບີເກີ້

hamburguesa

ແຊນວິດຈ໌

entrepà

ຊີ້ນຕິດກະດູກ

escalopa

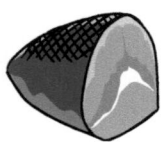

ແຮມ

cuixot

ໄສ້ກອກແຫ້ງຊາລາມິ

salami

ໄສ້ກອກ

salsitxa

ໄກ່

pollastre

ຢ່າງ

rostit

ປາ

peix

ເຂົ້າປຸກເຂົ້າໂອດ

flocs de civada

ອາຫານຊະນິດເປັນເມັດກອບ

musli

ເຂົ້າຊູບເປັນປ່ຽງນ້ອຍໆ

cereals

ເຂົ້າແປ້ງ

farina

ເຂົ້າຈີ່ຊະນິດທີ່ມີຮູບເດືອນເຄິ່ງ
ໜວຍ

croissant

ເຂົ້າໜົມປັງແບບນ້ອມ

panet

ເຂົ້າໜົມປັງ

pa

ເຂົ້າໜົມປັງປີ້ງ

torrada

ເຂົ້າໜົມປັງຊະນິດກ້ອນນ້ອຍ

bescuits

ເນີຍ

mantega

ນ້ຳນົມແຂ້ນ

mató

ເຄກ

pastís

ໄຂ່

ou

ໄຂ່ດາວ

ou fregit

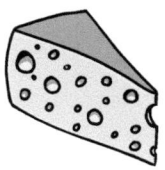

ເນີຍແຂງ

formatge

ກະແລ້ມ
gelat

ນ້ຳຕານ
sucre

ນ້ຳເຜິ້ງ
mel

ແຍມ
melmelada

ຊ້ອກໂກແລັດຄຣີມສະເປຣດ
crema de xocolata

ກະລີ
curri

ຟາມ

granja

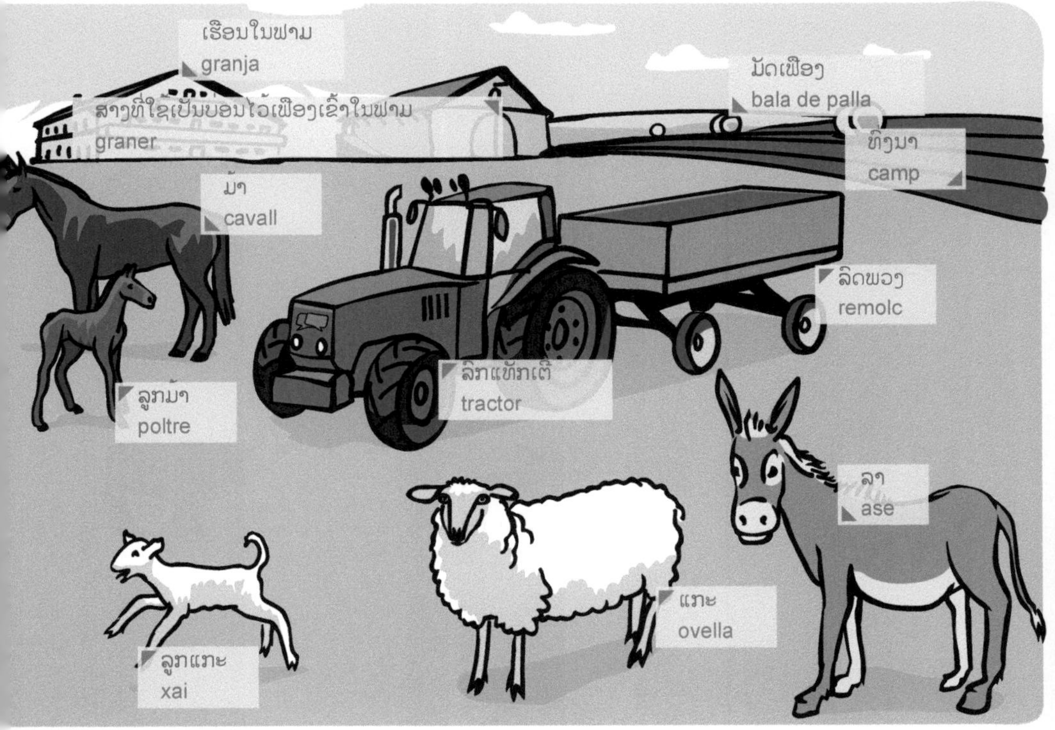
ເຮືອນໃນຟາມ
granja
ສາງທີ່ໃຊ້ເປັນບ່ອນໄວ້ເຟືອງເຂົ້າໃນຟາມ
graner
ມັດເຟືອງ
bala de palla
ທົ່ງນາ
camp
ມ້າ
cavall
ລົດພ່ວງ
remolc
ລົດແທັກເຕີ
tractor
ລູກມ້າ
poltre
ລາ
ase
ແກະ
ovella
ລູກແກະ
xai

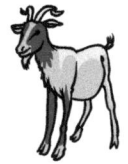

ແກະ

cabra

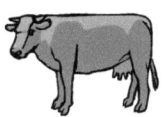

ງົວຕົວແມ່

vaca

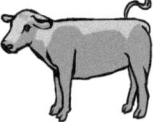

ລູກງົວ

vedella

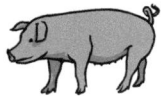

ໝູ

porc

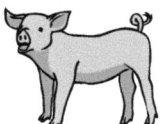

ລູກໝູ

garrí

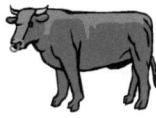

ງົວຕົວຜູ້

bou

ຫ່ານ
oca

ເປັດ
ànec

ລູກໄກ່
poll

ແມ່ໄກ່
gall

ໄກ່ຜູ້
gallina

ຫນູ
rata

ແມວ
gat

ຫນູ
ratolí

ງົວຕົວຜູ້
bou

ຫມາ
gos

ຄອກຫມາ
gossera

ສາຍທໍ່ຍາງທີ່ໃຊ້ໃນສວນ
mànega de regar

ຂັອງຫົດຕົ້ນໄມ້
regadora

ກ່ຽວດ້າມຍາວ
dalla

ຄັນໄຖ
arada

28   ຟາມ - granja

ກ່ຽວ

falç

ຈົກ

aixada

ຄາດ

forca

ຂວານ

destral

ລົດຍູ້ລໍ້ດຽວ

carretó

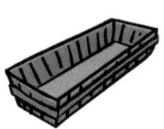

ຫາງລົມ

abeurador

ປ່ອງນົມ

lletera

ກະສອບ

sac

ຮົ້ວ

tanca

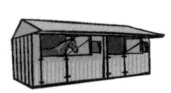

ຄອກມ້າ

establa

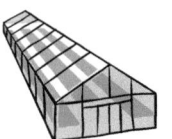

ເຮືອນກະຈົກ

hivernacle

ດິນ

sòl

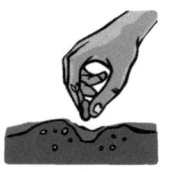

ແກ່ນ

llavor

ປຸ໋ຍ

adob

ເຄື່ອງກ່ຽວເຂົ້າ

collidora

ເກັບກ່ຽວ

collir

ການເກັບກ່ຽວ

collita

ເຜືອກ

nyam

ເຂົ້າສາລີ

blat

ຖົ່ວເຫຼືອງ

soja

ມັນຝຣັ່ງ

patata

ເຂົ້າໂພດ

blat de moro o d'indi

ດອກເຣພຊິດ

colza

ຕົ້ນໄມ້ທີ່ອອກໝາກ

arbre fruiter

ມັນຕົ້ນ

mandioca

ພືດຊະນິດເມັດ

cereals

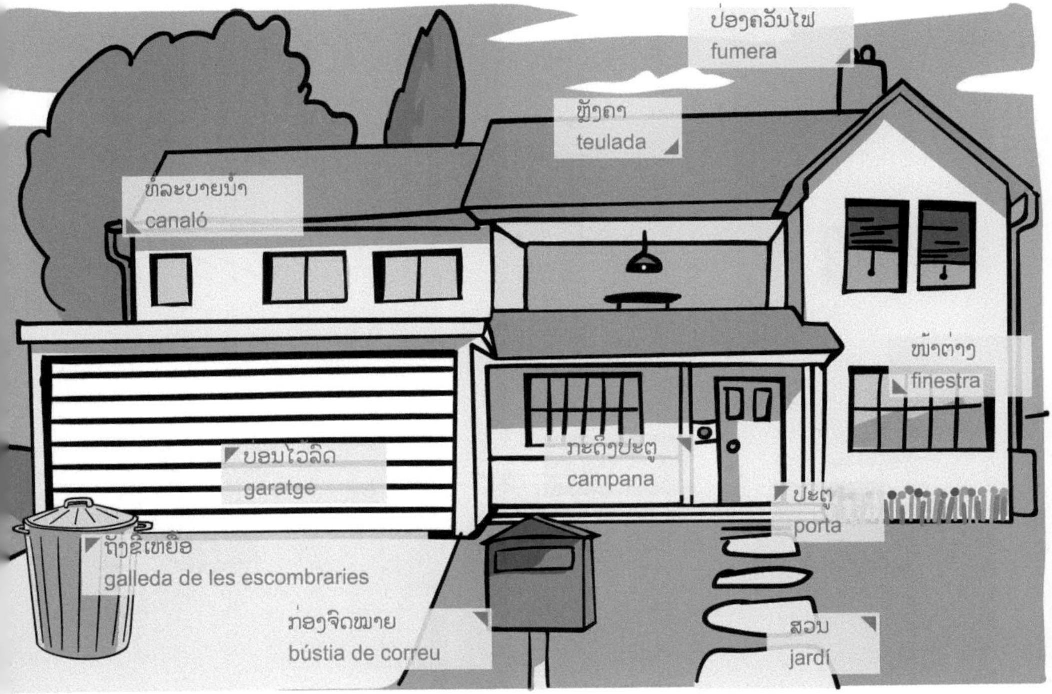

ປ່ອງຄວັນໄຟ
fumera

ຫັງຄາ
teulada

ທໍ່ລະບາຍນ້ຳ
canaló

ຂ້າງຕ່າງໆ
finestra

ບ່ອນໄວ້ລົດ
garatge

ກະດິ່ງປະຕູ
campana

ປະຕູ
porta

ຖັງຂີ້ເຫຍື້ອ
galleda de les escombraries

ກ່ອງຈົດໝາຍ
bústia de correu

ສວນ
jardí

ຫ້ອງຮັບແຂກ

sala d'estar

ຫ້ອງນ້ຳ

bany

ຫ້ອງຄົວ

cuina

ຫ້ອງນອນ

cambra de dormir

ຫ້ອງພັກສຳລັບເດັກນ້ອຍ

cambra de nen

ຫ້ອງອາຫານ

menjador

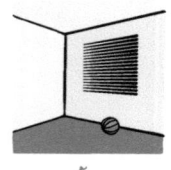

ພື້ນ

sòl

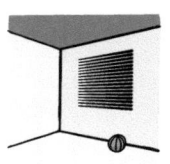

ຝາຜະໜັງ

paret

ເພດານ

sostre

ຫ້ອງເກັບເຄື່ອງໃຕ້ດິນ

soterrani

ຫ້ອງອົບອາຍນ້ຳ

sauna

ລະບຽງ

balcó

ຊຸ້ນຕາມຂ້າງພູ

terrassa

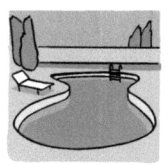

ສະລອຍນ້ຳ

piscina

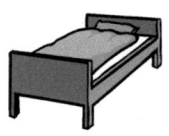

ເຄື່ອງຕັດຫຍ້າ

tallagespa

ຜ້າປູບ່ອນນອນ

vànova

ຜ້າປູຕຽງ

cobrellit

ຕຽງ

llit

ຟອຍ

escombra

ຖຸ

galleda

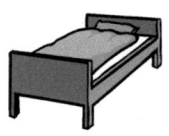

ສະວິດ

interruptor

ຫ້ອງຮັບແຂກ

sala d'estar

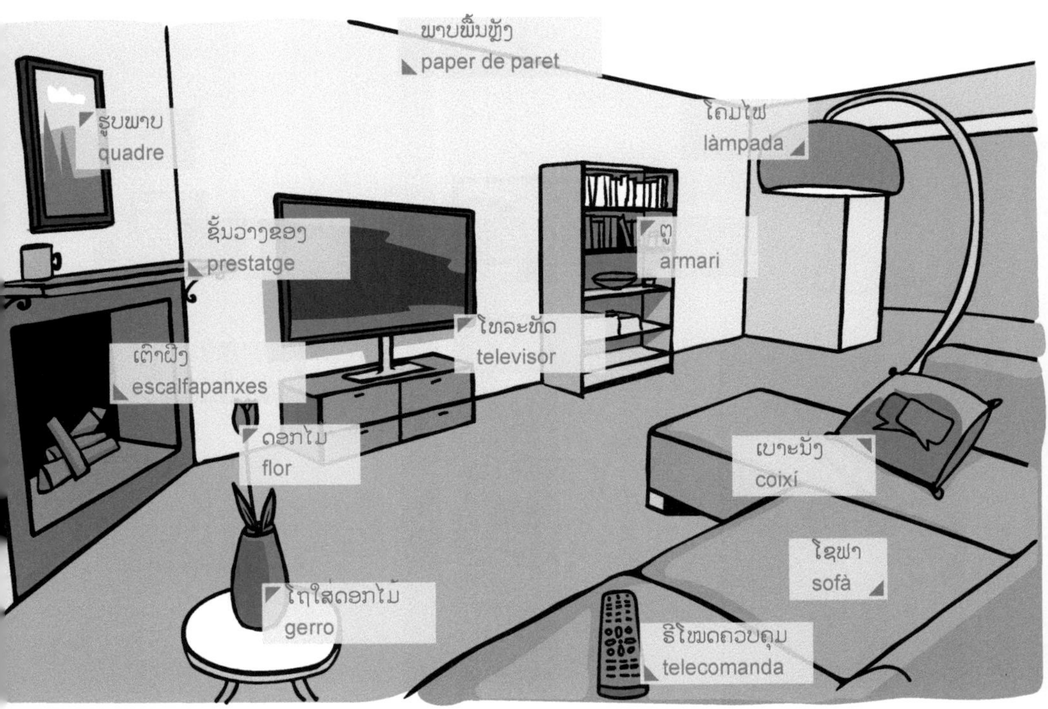
ພາບພື້ນຫຼັງ
paper de paret
ຮູບພາບ
quadre
ໂຄມໄຟ
làmpada
ຊັ້ນວາງຂອງ
prestatge
ຕູ້
armari
ໂທລະທັດ
televisor
ເຕົາຜິງ
escalfapanxes
ດອກໄມ້
flor
ເບາະນັ່ງ
coixí
ໂຊຟາ
sofà
ໂຖໃສ່ດອກໄມ້
gerro
ຣີໂໝດຄວບຄຸມ
telecomanda

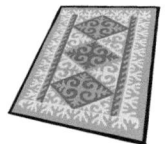

ພົມປູພື້ນ

catifa

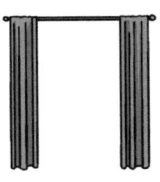

ຜ້າກັ້ງ

cortina

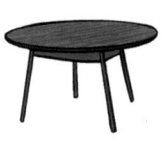

ໂຕະ

taula

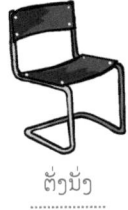

ຕັ່ງນັ່ງ

cadira

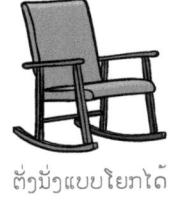

ຕັ່ງນັ່ງແບບໂຍກໄດ້

cadira gronxadora

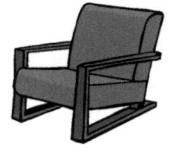

ຕັ່ງນັ່ງທີ່ມີບ່ອນວາງແຂນ

cadiral

ໜັງສື

llibre

ຜ້າຫົ່ມ

llençol

ຂອງຕົກແຕ່ງ

decoració

ຟືນ

llenya

ຮູບເງົາ

film

ເຄື່ອງສຽງລະບົບໄຮໄຟ

cadena de música

ກະແຈ

clau

ໜັງສືພິມ

diari

ການແຕ້ມຮູບ

pintura

ໂປສເຕີ

cartell

ວິທະຍຸ

ràdio

ແຜ່ນບັນທຶກ

bloc de notes

ເຄື່ອງດູດຝຸ່ນ

aspiradora

ຕົ້ນກະບອງເພັດ

cactus

ທຽນໄຂ

candela

ຫອງຄົວ
cuina

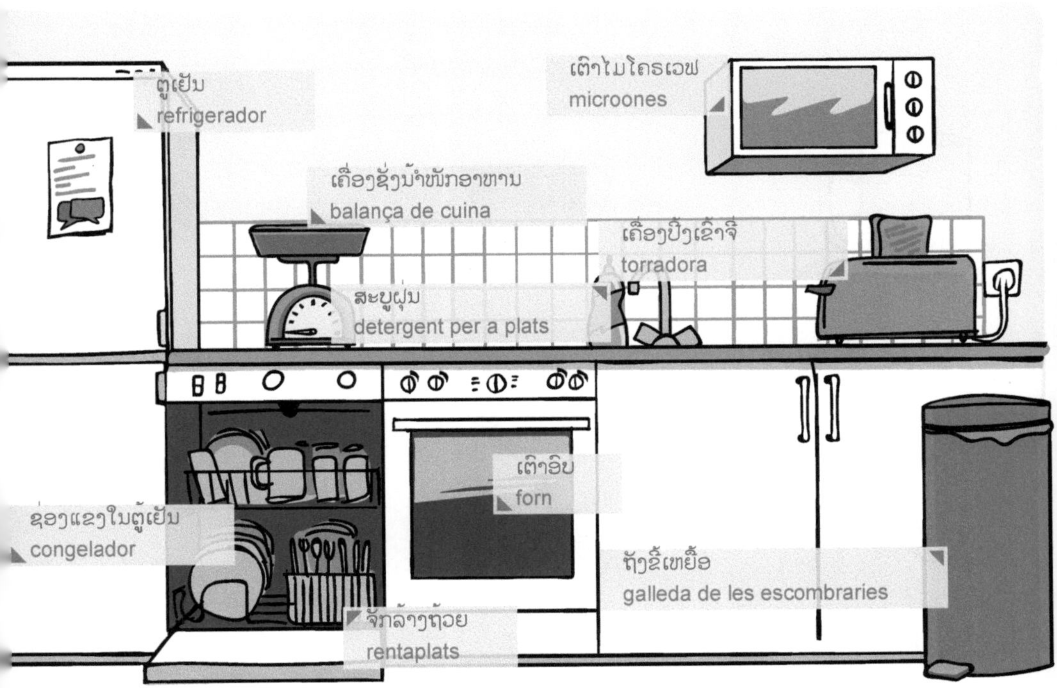
ຕູ້ເຢັນ
refrigerador
ເຕົາໄມໂຄຣເວຟ
microones
ເຄື່ອງຊັ່ງນ້ຳໜັກອາຫານ
balança de cuina
ເຄື່ອງປີ້ງເຂົ້າຈີ່
torradora
ສະບູຝຸ່ນ
detergent per a plats
ເຕົາອົບ
forn
ຊອງແຂງໃນຕູ້ເຢັນ
congelador
ຖັງຂີ້ເຫຍື້ອ
galleda de les escombraries
ຈັກລ້າງຖ້ວຍ
rentaplats

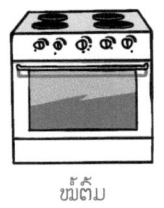

ໝໍ້ຕົ້ມ

cuina de fogons

ໝໍ້

olla

ໝໍ້ເຫຼັກຫຼໍ່

olla de ferro colat

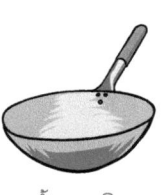

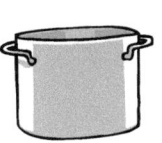

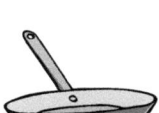

ໝໍ້ກະທະຈີນ

wok / karahi

ໝໍ້ກະທະກົ້ນແບນ

paella

ກາຕົ້ມນ້ຳ

bullidor

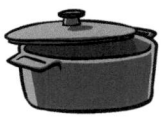

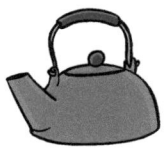

ໝໍ້ໄອນ້ຳ

olla de vapor

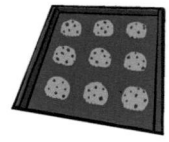

ຖາດອົບ

plata de forn

ເຄື່ອງຖ້ວຍຊາມ

vaixella

ຈອກກາທິບ

tassa grossa

ຖ້ວຍ

bol

ໄມ້ທູ່

bastonets xinesos

ຈອງດ້າມຍາວ

culler

ຕະຫຼິວ

espàtula

ເຄື່ອງຕີໄຂ່

batedor

ກະຊອນ

colador

ເຄື່ອງຣ່ອນ

sedàs

ເຫັຼາຂູດ

ratllador

ຄົກ

morter

ບາບີຄິວ

barbacoa

ແຄມໄຟຖ່ານອອນ

foc a terra

ຂຽງ

taula de tallar

ໄມ້ບົດແປ້ງ

corró

ຜູ້ກາໄຂດອນແກ້ວ

llevataps

ກະປ໋ອງ

pot de conserva

ເຄື່ອງເປີດກະປ໋ອງ

obridor

ຖົງມືຈັບຂອງຮ້ອນ

agafador

ອ່າງລ້າງຈານ

aigüera

ແປງ

raspall

ຟອງນ້ຳ

esponja

ເຄື່ອງປັ່ນ

batedora

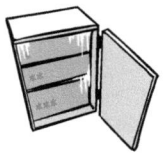

ຕູ້ແຊ່ແຂງ

congelador

ຂວດນົມ

biberó

ກ໊ອກນ້ຳ

aixeta

ຫ້ອງນ້ຳ

bany

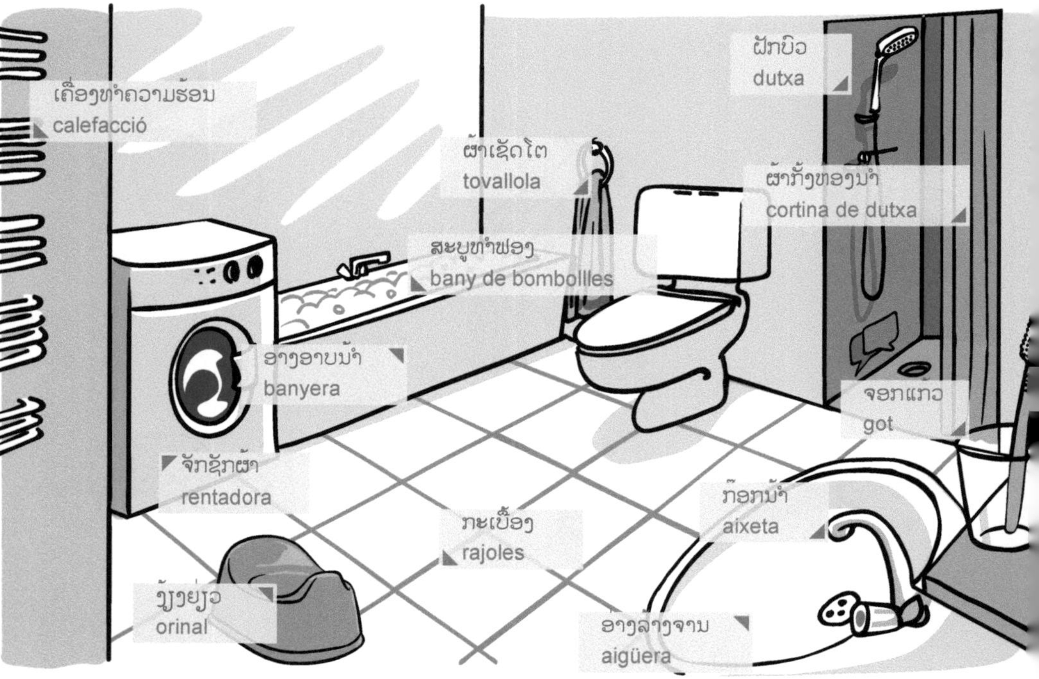

ເຄື່ອງທຳຄວາມຮ້ອນ
calefacció
ຜ້າເຊັດໂຕ
tovallola
ສະບູທຳຟອງ
bany de bombolles
ອ່າງອາບນ້ຳ
banyera
ຈັກຊັກຜ້າ
rentadora
ກະເບື້ອງ
rajoles
ໂຖຍ່ຽວ
orinal
ຝັກບົວ
dutxa
ຜ້າກັ້ງຫ້ອງນ້ຳ
cortina de dutxa
ຈອກແກ້ວ
got
ກ໊ອກນ້ຳ
aixeta
ອ່າງລ້າງຈານ
aigüera

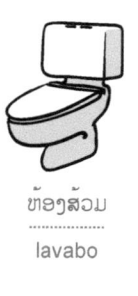

ຫ້ອງສ້ວມ

lavabo

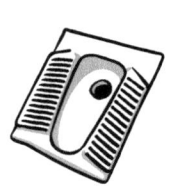

ໂຖສ້ວມແບບນັ່ງຍອງ

lavabo turc

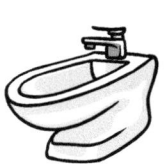

ໂຖຍ່ຽວຂອງຜູ້ຍິງ

bidet

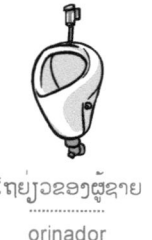

ໂຖຍ່ຽວຂອງຜູ້ຊາຍ

orinador

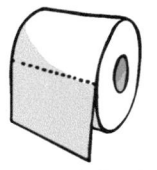

ກະດາດຊຳລະທີ່ໃຊ້ໃນຫ້ອງນ້ຳ

paper higiènic

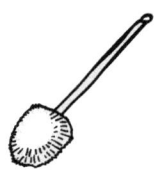

ແປງຂັດຫ້ອງນ້ຳ

escombreta de sanitari

ແປງສີຟັນ

raspall de dents

ຍາສີຟັນ

pasta de dents

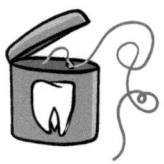

ໄໝຂັດແຂ້ວ

fil dental

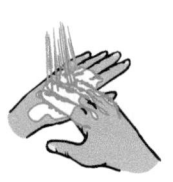

ລ້າງ

rentar

ຝັກບົວອາບນ້ຳທີ່ໃຊ້ມືຈັບ

pom de dutxa

ເຄື່ອງສີດລ້າງ

dutxa íntima

ອ່າງລ້າງໜ້າ

rentamans

ແປງຖູຫຼັງ

raspall per a l'esquena

ສະບູ

sabó

ເຈລອາບນ້ຳ

gel de dutxa

ແຊມພູ

xampú

ຜ້າຖູໂຕນ້ອຍ

manyopla de bany

ທໍ່ລະບາຍນ້ຳເສຍ

bonera

ຖິມ

crema

ຍາດັບກິ່ນ

desodorant

ຫ້ອງນ້ຳ - bany

ແອ່ນແຢງ

mirall

ແອ່ນມິກໍ່

mirall-espill de mà

ມີດແຖຫນວດ

maquineta de rasar

ໂຟມແຖຫນວດ

espuma de barbejar

ໂລຊັ່ນບຳລຸຜິວຫຼັງແຖຫນວດ

loció post-rasada

ຫວີ

pinta

ແປງ

raspall

ຈັກເປົ່າຜົມ

eixugador

ສະເປຊີດຜົມ

laca

ຊຸດເຄື່ອງສຳອາງ

maquillatge

ລິບສະຕິກທາສົບ

pintallavis

ນ້ຳຢາທາເລັບ

esmalt d'ungles

ສຳລີ

cotó

ມີດຕັດເລັບ

tallaungles

ນ້ຳຫອມ

perfum

ກະເປົາອາບນ້ຳ

estoig de bellesa

ຕັ່ງສາມຂາ

tamboret

ເຄື່ອງຊັ່ງນ້ຳໜັກ

bàscula

ເສື້ອຄຸມອາບນ້ຳ

barnús

ຖົງມືຢາງ

guants de goma

ຜ້າອະນາໄມແບບສອດ

compresa higiènica

ຜ້າອະນາໄມ

compresa

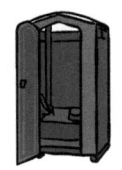

ຫ້ອງນ້ຳເຄມິ

sanitari químic

ຫອງພັກສຳລັບເດັກນອຍ

cambra de nen

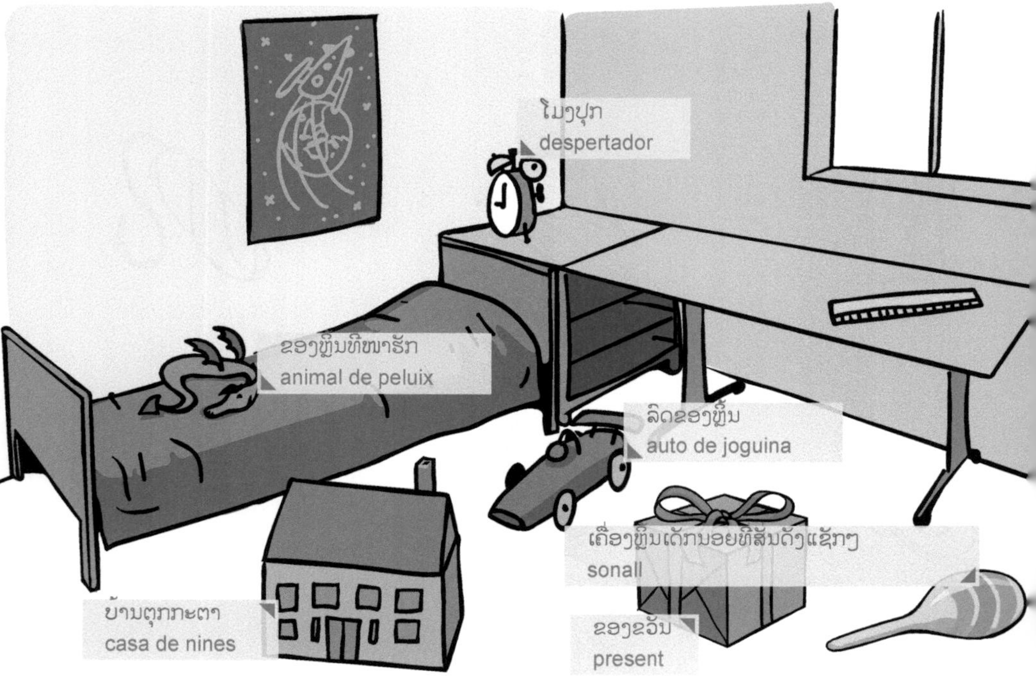
ໂມງປຸກ
despertador
ຂອງຫຼິ້ນທີໜາຮັກ
animal de peluix
ລົດຂອງຫຼິ້ນ
auto de joguina
ເຄື່ອງຫຼິ້ນເດັກນອຍທີສັ່ນດັງແຊັກໆ
sonall
ບ້ານຕຸກກະຕາ
casa de nines
ຂອງຂວັນ
present

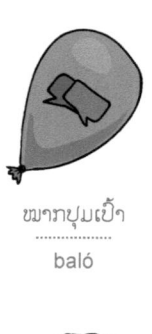

ໝາກປຸມເປົ້າ

baló

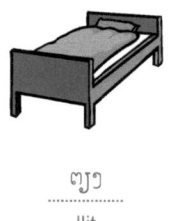

ຕຽງ

llit

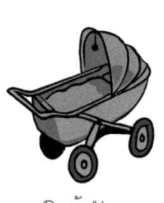

ລົດຍູ້ເດັກ

cotxet per a nens

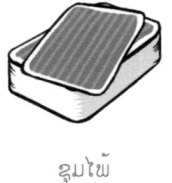

ຊຸມໄພ້

joc de cartes

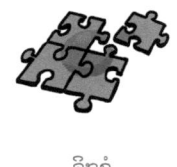

ຈິກຊໍ

trencaclosca

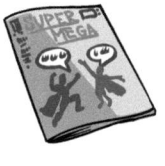

ໜັງສືກາຕູນ

historieta

ຕິວຕໍ່ເລໂກ້

peces de lego

ບລ໊ອກຂອງຫຼິ້ນ

peces de construcció

ຮູບປັ້ນທີ່ເຄື່ອນໄຫວໄດ້

ninot d'acció

ເສື້ອຜ້າເດັກເກີດໃໝ່

granota

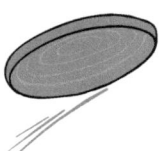

ຈານບິນ

frisbee

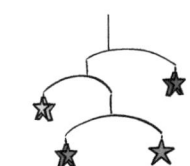

ສິ່ງທີ່ແກວ່ງໄປມາແຂວນຢູ່ເທິງທິວ
ຕຽງເດັກນ້ອຍ

mòbil per a bressol

ເກມກະດານ

joc de taula

ໝາກກະລ໊ອກ

daus

ຂຸດລົດໄຟຈຳລອງ

tren elèctric

ຮູບທຸ່ມ

xumet

ງານລ້ຽງ

festa

ໜັງສືພາບ

llibre de dibuixos

ໝາກບານ

pilota

ຕຸກກະຕາ

nina

ຫຼິ້ນ

jugar

ຂຸມດິນຊາຍສຳລັບເດັກນ້ອຍຫຼິ້ນ

sorrera

ຊິງຊ້າ

gronxador

ຂອງຫຼິ້ນ

joguines

ເຄື່ອງຫຼິ້ນວິດິໂອເກມ

consola de jocs de vídeo

ລົດຖີບສາມລໍ້

tricicle

ຕຸກກະຕາຫມີ

osset de peluix

ຕູ້ເສື້ອຜ້າ

armari

ເສື້ອຜ້າ

roba

ລຶງເທົ້າ

mitjons

ຖົງເທົ້າຍາວຜູ້ຍິງ

mitges

ໂສ້ງຢືດແບບເນື້ອ

mitja pantaló

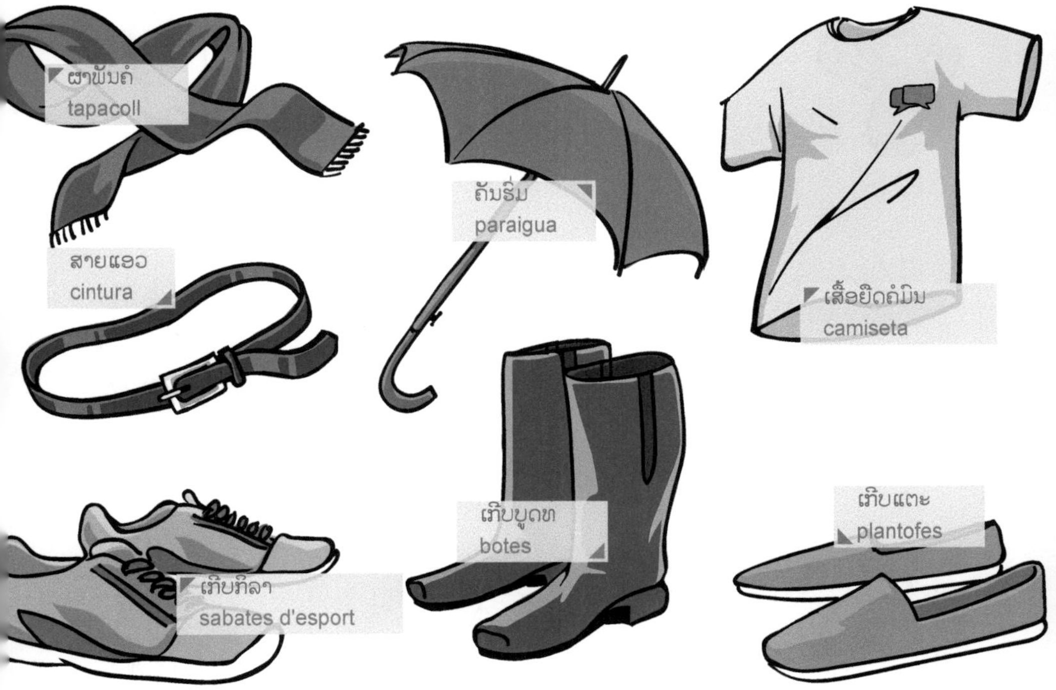

ຜ້າພັນຄໍ
tapacoll

ຖັນຮົ່ມ
paraigua

ເສື້ອຍິດຄໍມິນ
camiseta

ສາຍແອວ
cintura

ເກິບບູດທ
botes

ເກິບແຕະ
plantofes

ເກິບກິລາ
sabates d'esport

ເກິບຊ້ຽດຄາມ

sandàlies

ເກິບ

sabates

ເກິບບູດທ໌ຍາງ

botes de goma

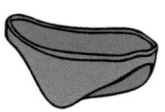

ໂສ້ງຊ້ອນໃນ

calçonets

ເສື້ອຊ້ອນໃນ

sostenidor

ເສື້ອກ້າມ

guardapits

ເສື້ອຮັດທຸ່ມ

jjustacòs

ໃສ້ງຂາຍາວ

pantalons

ໃສ້ງຢືມ

jeans

ກະໂປ່ງ

faldeta

ເສື້ອຜູ້ຍິງ

brusa

ເສື້ອເຊິດ

camisa

ເສື້ອກັນໜາວ

jersei

ເສື້ອຖຸມມີໝວກ

dessuadora

ເສື້ອໃຫຍ່ທີ່ຕິດກາໂຮງງານຫຼືກາທີ່ມກິລາ

blazer

ເສື້ອແຈັກເກັດ

jaqueta

ເສື້ອນອກ

mantell

ເສື້ອກັນຝົນ

impermeable

ເຄື່ອງແຕ່ງກາຍ

vestit de dona

ກະໂປ່ງ

vestit de dona

ຊຸດແຕ່ງງານ

vestit de núvia

ເສື້ອຜ້າ - roba

ເສື້ອສູດ

vestit d'home

ຊຸດລາຕິ

camisa de dormir

ຊຸດນອນ

pijama

ຊຸດຮາຕິ

sari

ຜ້າຄຸມຫົວ

mocador de cap

ຜ້າພັນຫົວ

turbant

ເສື້ອບຸຣຫາະ

burca

ເສື້ອຄຸມຄາຟຕານ

caftan

ເສື້ອຄຸມອາບາຍາ

abaia

ຊຸດລອຍນ້ຳ

vestit de bany

ໂສ້ງໃສ່ລອຍນ້ຳ

calçon(et)s de bany

ໂສ້ງຂາສັ້ນ

pantalons curts

ຊຸດວອມ

xandall

ຜ້າກັນເປື້ອນ

davantal

ຖົງມື

guants

ກະດຸມ

botó

ແອ່ນຕາ

ulleres

ປອກແຂນ

braçalet

ສ້ອຍຄໍ

collaret

ແຫວນ

anell

ຕຸ້ມຫູ

orellera

ໝວກແກ໊ບ

casquet

ກ້ງແຂນເສື້ອນອກ

penjador

ໝວກ

capell

ກາລະຫວັດ

corbata

ຊິບ

cremallera

ໝວກກັນກະທົບ

casc

ສາຍໂຍງໂສ້ງ

elàstics

ຊຸດນັກຮຽນ

uniforme escolar

ເຄື່ອງແບບ

uniforme

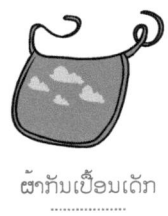

ຜ້າກັນເປື້ອນເດັກ

pitet

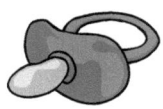

ຮູບຫຸ່ນ

xumet

ຜ້າອ້ອມ

bolquer

ຫ້ອງການ

oficina

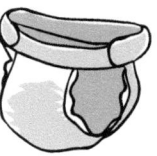

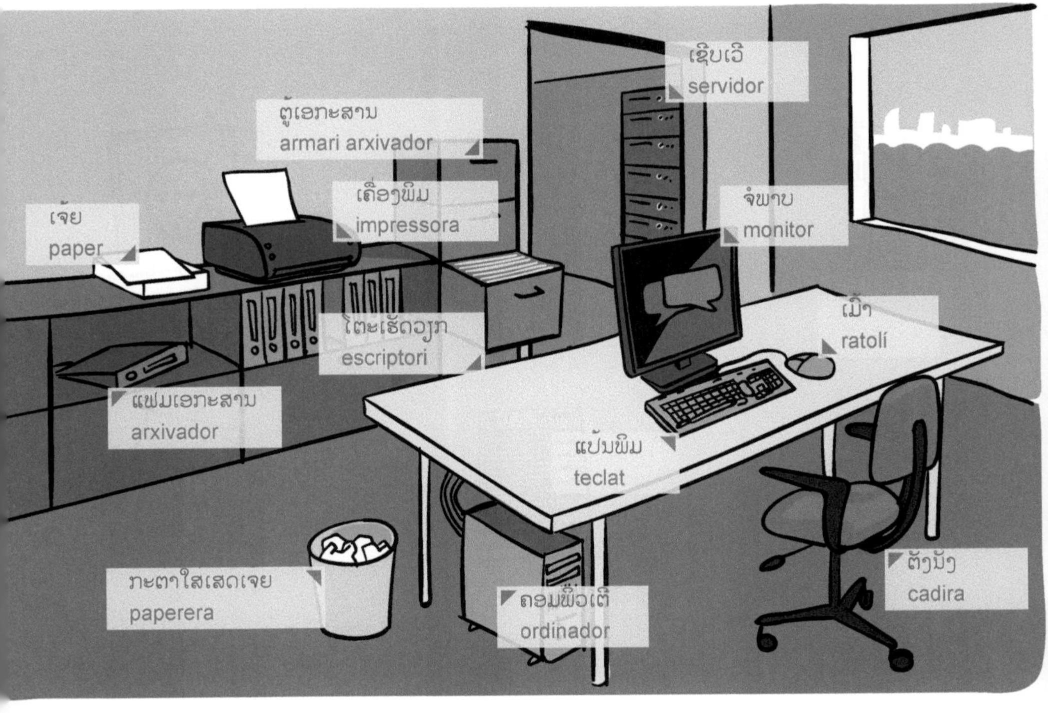

ເຊີບເວີ
servidor
ຕູ້ເອກະສານ
armari arxivador
ເຄື່ອງພິມ
impressora
ເຈ້ຍ
paper
ຈໍພາບ
monitor
ເມົາ
ratolí
ໂຕະເຮັດວຽກ
escriptori
ແຟ້ມເອກະສານ
arxivador
ແປ້ນພິມ
teclat
ກະຕາໃສ່ເສດເຈ້ຍ
paperera
ຄອມພິວເຕີ
ordinador
ຕັ່ງນັ່ງ
cadira

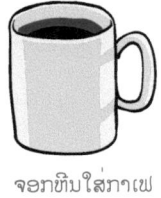

ຈອກຫີນໃສ່ກາເຟ

tassa de cafè

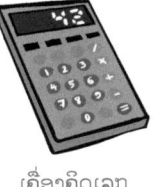

ເຄື່ອງຄິດເລກ

calculadora

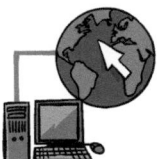

ອິນເຕີເນັດ

Internet

ຄອມພິວເຕີແລັບທັອບ

ordinador portàtil

ຈິດໝາຍ

lletra

ຂໍ້ຄວາມ

missatge

ໂທລະສັບມືຖື

mòbil

ເຄືອຂ່າຍ

xarxa

ເຄື່ອງຖ່າຍເອກະສານ

fotocopiadora

ຊອບແວ

programari

ໂທລະສັບ

telèfon

ປັກໄຟ

presa de corrent

ເຄື່ອງແຟັກ

fax

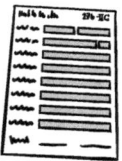

ແບບຟອມ

formulari

ເອກະສານ

document

ຊື້

comprar

ຈ່າຍ

pagar

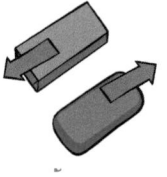

ຄ້າຂາຍ

comerciar

ເງິນ

diners

ເງິນດອນລາ

dòlar

ເງິນຢູ່ໂຣ

euro

ເງິນເຢນ

ien

ເງິນຣູເບິນ

ruble

ເງິນຝຣັງສະວິດ

franc suís

ເງິນຢວນເຣິນໜິນບີ້

renminbi

ເງິນຣູປີ

rupia

ເຄື່ອງສຳລັບກົດເງິນສົດຈາກທະບຽນຄາມ

caixa automàtica

ບ່ອນແລກປ່ຽນເງິນຕາ

oficina de canvi

ທອງຄຳ

or

ເງິນ

argent

ນ້ຳມັນ

petroli

ພະລັງງານ

energia

ລາຄາ

preu

ສັນຍາ

contracte

ພາສີ

impost

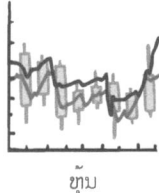

ທຶນ

acció

ເຮັດວຽກ

treballar

ລູກຈ້າງ

treballador

ນາຍຈ້າງ

empresari

ໂຮງງານ

fàbrica

ຮ້ານຄ້າ

botiga

ອາຊີບ
oficis

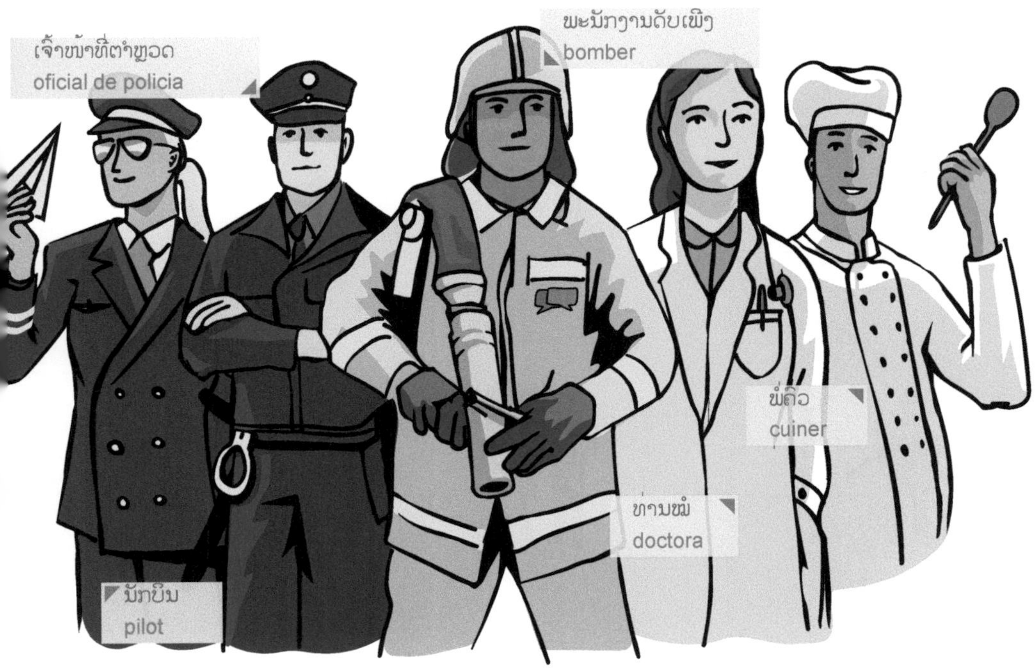

ເຈົ້າໜ້າທີ່ຕຳຫຼວດ
oficial de policia
ພະນັກງານດັບເພີງ
bomber
ພໍ່ຄົວ
cuiner
ທ່ານໝໍ
doctora
ນັກບິນ
pilot

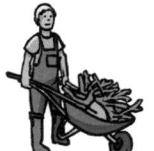

ຊາວສວນ

jardiner

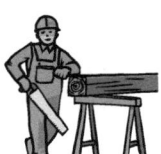

ຊ່າງໄມ້

fuster

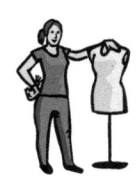

ຊ່າງຫຍິບຜ້າທີ່ເປັນຜູ້ຍິງ

costurera

ຜູ້ພິພາກສາ

jutge

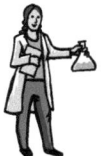

ນັກເຄມີ

química

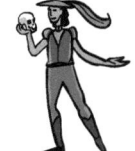

ນັກສະແດງຊາຍ

actor

ຄົນຂັບລົດເມປະຈຳທາງ

conductor d'autobús

ຄົນຂັບແທັກຊີ

taxista

ຊາວປະມົງ

pescador

ແມ່ບ້ານທຳຄວາມສະອາດ

dona de la neteja

ຊ່າງມຸງຫຼັງຄາ

ensostrador

ຄົນເສີບຂາຍ

cambrer

ນາຍພານ

caçador

ຊ່າງທາສີ

pintor

ຄົນເຮັດເຂົ້າໜົມປັງ

forner

ຊ່າງໄຟຟ້າ

electricista

ຊ່າງກໍ່ສ້າງ

obrer de la construcció

ວິສະວິກອນ

enginyer

ຄົນຂາຍຊີ້ນ

carnisser

ຊ່າງນ້ຳປະປາ

llanterner

ບູລຸດໄປສະນີ

correu

ທະຫານ

soldat

ສະຖາປະນິກ

arquitecte

ພະນັກງານເກັບເງິນ

caixera

ຄົນຂາຍດອກໄມ້

florista

ຊ່າງແຕ່ງຜົມ

perruquer

ພະນັກງານກວດປີ້ລົດ

revisor

ຊ່າງສ້ອມລົດຍົນ

mecànic

ຜູ້ບັງຄັບການ

capità

ໝໍປົວແຂ້ວ

dentista

ນັກວິທະຍາສາດ

científic

ພະໃບສາສະໜາຢິວ

rabí

ຜູ້ນຳຊາວມຸສລິມ

imam

ຄູບາ

monjo

ນັກບວດ

capellà

ເຄືອງມື

eines

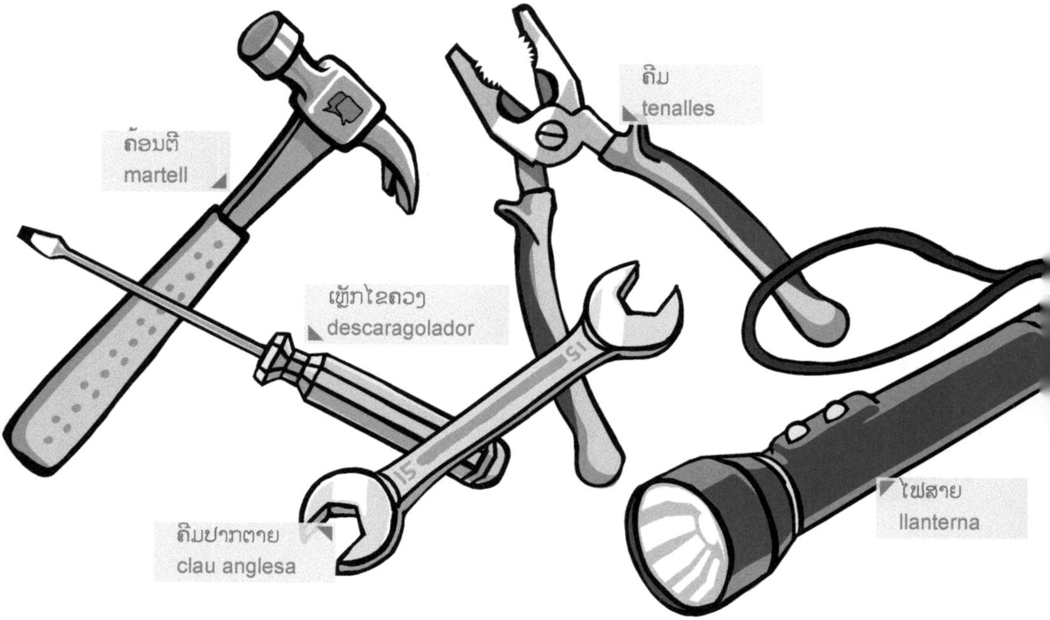

ຄ້ອນຕີ
martell
ຄີມ
tenalles
ເຫຼັກໄຂຄວງ
descaragolador
ຄີມປາກຕາຍ
clau anglesa
ໄຟສາຍ
llanterna

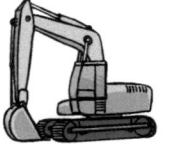

ເຄື່ອງຂຸດ

excavadora

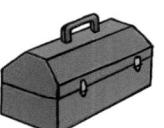

ກັບເຄື່ອງມື

caixa d'eines

ຂັ້ນໄດ

escala

ເລື່ອຍ

serra

ຕະປູ

claus

ເຫຼັກຊີ

trepant

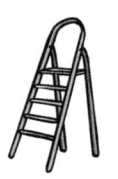

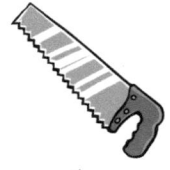

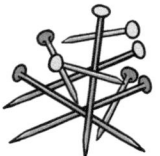

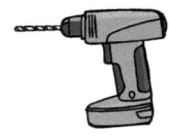

ສ້ອມແປງ

reparar

ຊຸ້ວ່າມ

pala

ຕາຍຫ່າ!

Maleït siga!

ຂອງຊຸ້ວ່າມຂີ້ເຫຍື້ອ

pala

ທັງສີ

pot de pintura

ຕະປູກ່ຽວ

caragols

ເຄື່ອງດົນຕີ
instrument de música

ກອງຊຸດ
bateria

ລໍາໂພງ
altaveu

ກິຕ້າ
guitarra

ດັບເບິ້ລເບສ
contrabaix

ແກທອງເຫຼືອງ
trompeta

ເຄື່ອງດົນຕີ - instrument de música   57

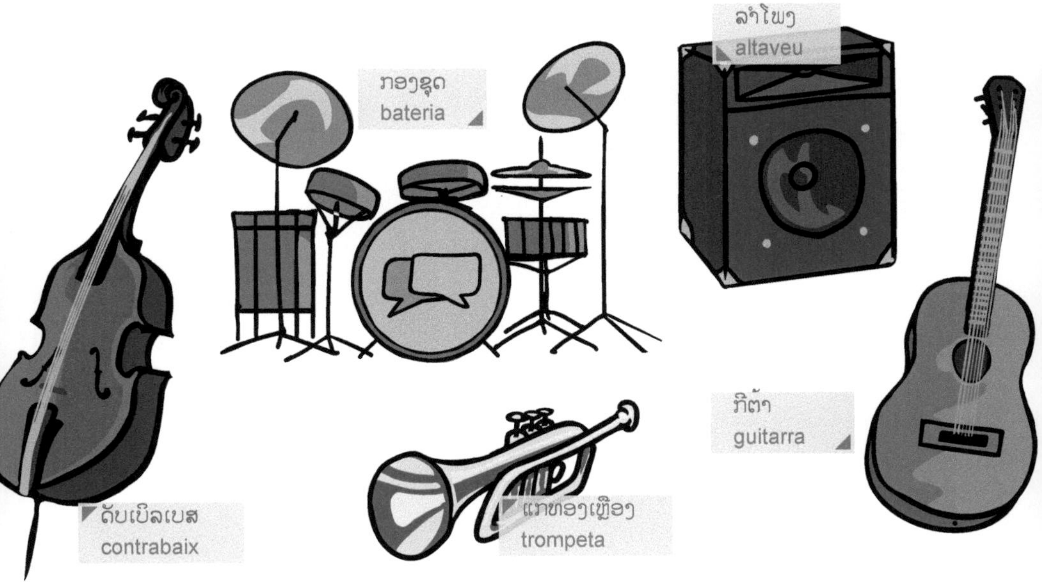

ເປຍໂນ

piano

ໄວໂອລິນ

violí

ເບສ

baix

ກອງທິມປານີ

timbal

ກອງຊຸດ

tambor

ຄີບອດ

teclat

ແຊັກໂຊໂຟນ

saxofon

ຂຸ່ຍ

flauta

ໄມໂຄຣໂຟນ

micròfon

ເຄື່ອງດົນຕີ - instrument de música

ປະຕູເຂົ້າ
entrada

ເສືອ
tigre

ກົງຂັງມິກ
gàbia

ມ້າລາຍ
zebra

ອາຫານສັດ
aliment per a animals

ໝີແພນດາ
ós panda

ສັດ

animals

ຊ້າງ

elefant

ຈິງໂຈ້
cangurú

ແຮດ

rinoceront

ລິງໂຄນໃຫຍ່

goril·la

ໝີ

ós

ອູດ

camell

ນົກກະຈອກເທດ

estruç

ສິງໂຕ

lleó

ລີງ

simi

ນົກຟລາມິງໂກ

flamenc

ນົກແກ້ວ

papagai

ໝີຂົ້ວໂລກ

ós polar

ນົກເພັນກວິນ

pingüí

ປາສະຫຼາມ

ca mari

ນົກຍູງ

paó

ງູ

serp

ແຂ້

cocodril

ຜູ້ເບິ່ງແຍງສວນສັດ

guardià del zoo

ແມວນ້ຳ

foca

ເສືອຈາກົວ

jaguar

ມ້າພັນນ້ອຍ

poni

ເສືອດາວ

lleopard

ຮິບໂປ

hipopòtam

ໂຕຈິຣາຟ

girafa

ໜ່ຽວ

àliga

ໝູປ່າຕົວຜູ້

senglar

ປາ

peix

ເຕົ່າ

tortuga

ຊ້າງນ້ຳ

morsa

ໝາຈອກ

guineu

ກວາງນ້ອຍ

gasela

esports

ອາເມລິກັນຟຸດບອນ
futbol americà

ຂີ່ລົດຖີບ
ciclisme

ກິລາເທນນິສ
tenis

ບັສເກັດບອລ
bàsquet

ກິລາລອຍນ້ຳ
natació

ຊົກມວຍ
boxa

ກິລາຕິດຕໍ່ເດີນນ້ຳແຂງ
hoquei sobre gel

ກິລາເຕະບານ

futbol americà

ກິລາຕິດອກປິກໄກ່

bàdminton

ກິລາປະເພດ ແລ່ນ
ເຕັ້ນແລະແກວ່ງ

atletisme

ແຮນບອລ

handbol

ກິລາສະກີ້

esquí

ກິລາໂປໂລມ້າ

polo

ກິດຈະກຳ

activitats

ໂດດ
saltar
ກອດ
abraçar
ຫົວ
riure
ຍາງ
anar
ຮອງເພງ
cantar
ຝັນ
somiar
ໄຫວ້ພະ / ສວດມົນ
pregar
ຈູບ
fer un petó

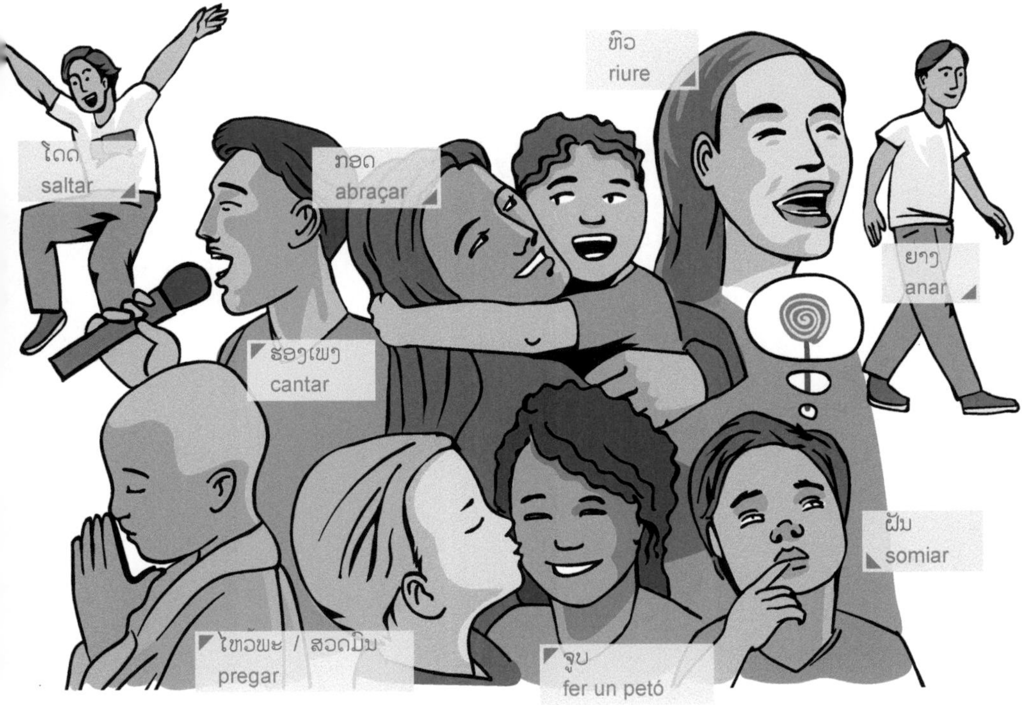

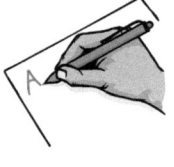

ຂຽນ

escriure

ແຕ້ມ

dibuixar

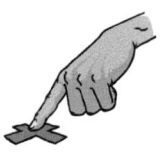

ສະແດງ

mostrar

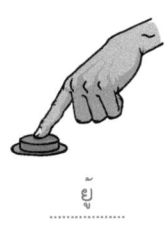

ຍູ້

pitjar

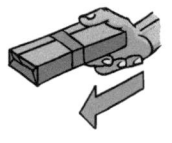

ໃຫ້

donar

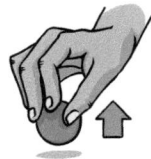

ເອົາໄປ

prendre

ມີ
....
tenir

ເຮັດ
....
fer

ເປັນ
....
ésser

ຢືນ
....
estar dret

ແລ່ນ
....
córrer

ດຶງ
....
estirar

ໂຍນ
....
llançar

ລົ້ມ
....
caure

ນອນຢຽດ
....
jeure

ລໍຖ້າ
....
esperar

ຖື
....
portar

ນັ່ງ
....
asseure's

ແຕ່ງຕົວ
....
vestir-se

ນອນຫຼັບ
....
dormir

ຕື່ນນອນ
....
despertar-se

ເບິ່ງ

mirar

ຮ້ອງໄຫ້

plorar

ລູບ

amoixar

ຫວີຜົມ

pentinar

ລົມ

parlar

ເຂົ້າໃຈ

comprendre

ຄຳຖາມ

demanar

ຟັງ

escoltar

ດື່ມ

beure

ກິນ

menjar

ຈັດໃຫ້ເປັນລະບຽບ

endreçar

ຮັກ

estimar

ຖົ່ກິນ

cuinar

ຮັບລົດ

conduir

ບິນ

volar

ແລ່ນເຮືອ

navegar

ຄິດໄລ່

calcular

ອ່ານ

llegir

ຮຽນຮູ້

aprendre

ເຮັດວຽກ

treballar

ແຕ່ງງານ

casar-se

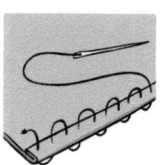

ທຍິບ

cosir

ແປງຟັນ

raspallar-se les dents

ຂ້າ

matar

ສູບຢາ

fumar

ສົ່ງ

enviar

ຄອບຄົວ

família

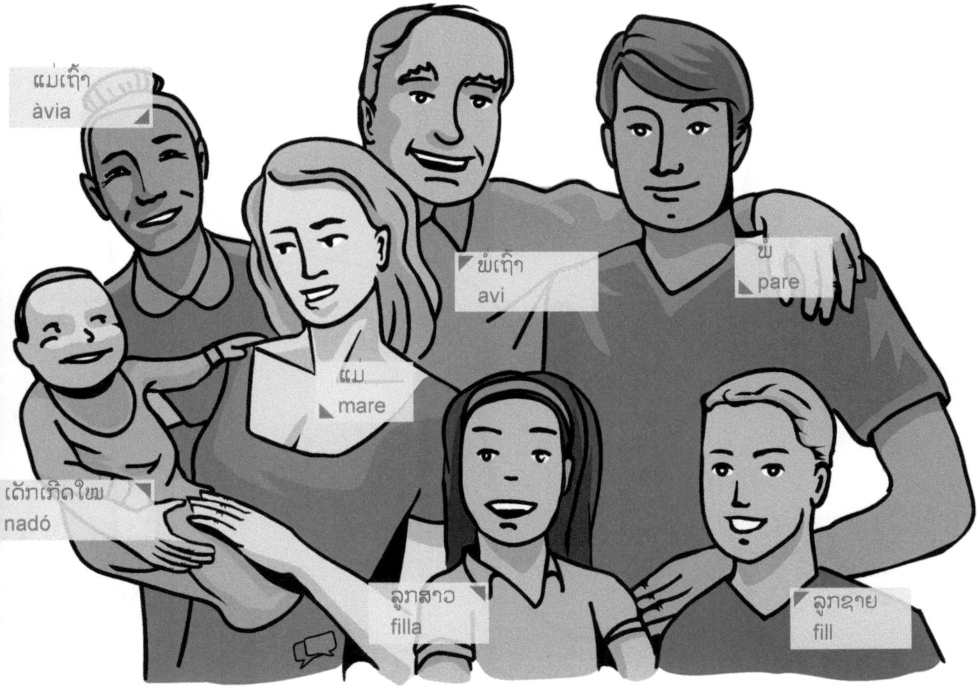

ແມ່ເຖົ້າ
àvia
ພໍ່ເຖົ້າ
avi
ພໍ່
pare
ແມ່
mare
ເດັກເກີດໃໝ່
nadó
ລູກສາວ
filla
ລູກຊາຍ
fill

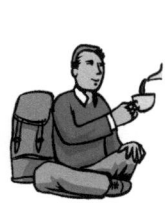

ແຂກ

convidat

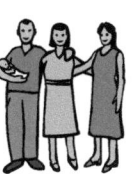

ປ້າ

tia

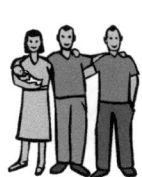

ລຸງ

oncle

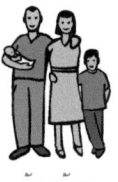

ອ້າຍນ້ອງ

germà

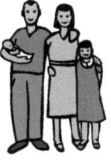

ເອື້ອຍນ້ອງ

germana

ຮາງກາຍ

cos

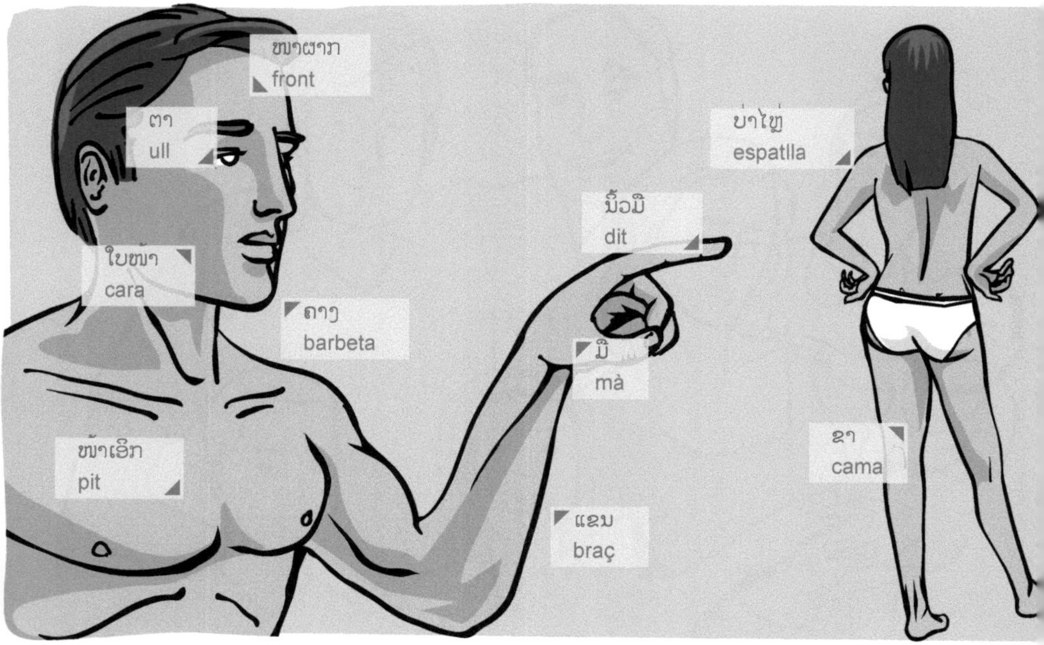
ໜາຜາກ
front
ຕາ
ull
ໃບໜ້າ
cara
ຄາງ
barbeta
ນິ້ວມື
dit
ມື
mà
ໜ້າເອິກ
pit
ແຂນ
braç
ບ່າໄຫຼ່
espatlla
ຂາ
cama

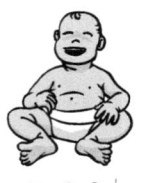

ເດັກເກີດໃໝ່
nadó

ຜູ້ຊາຍ
home

ຜູ້ຍິງ
dona

ເດັກຍິງ
noia

ເດັກຊາຍ
noi

ຫົວ
cap

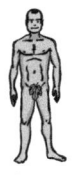

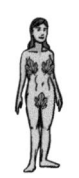

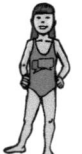

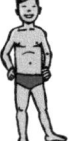

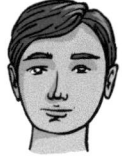

ຫຼັງ
....
esquena

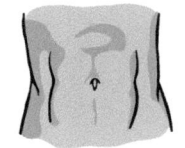

ທ້ອງ
....
panxa

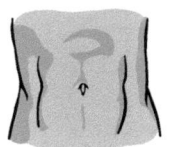

ສະບື
....
melic

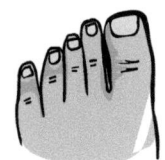

ນິ້ວຕິນ
....
dit gros del peu

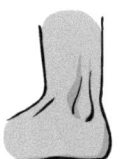

ສົ້ນຕິນ
....
taló

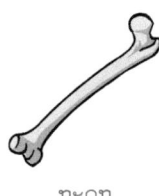

ກະດູກ
....
os

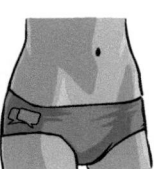

ກະໂພກ
....
maluc

ຫົວເຂົ່າ
....
genoll

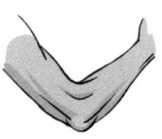

ແຂນສອກ
....
colze

ດັງ
....
nas

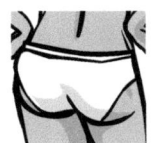

ກົ້ນ
....
cul

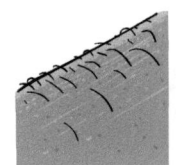

ຜິວໜັງ
....
pell

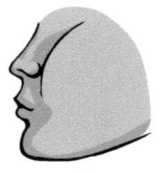

ແກ້ມ
....
galta

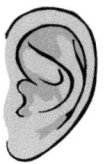

ຫູ
....
orella

ຮິມສົບ
....
llavi

ປາກ
boca

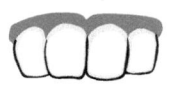

ແຂ້ວ
dent

ລີ້ນ
llengua

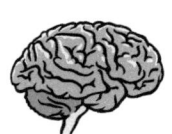

ສະໝອງ
cervell

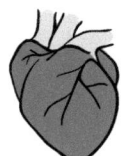

ຫົວໃຈ
cor

ກ້າມເນື້ອ
múscul

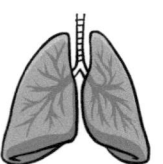

ປອດ
pulmó

ຕັບ
fetge

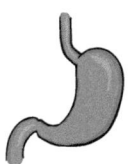

ກະເພາະ
estómac

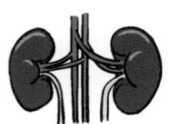

ໄຕ
ronyó

ເພດສຳພັນ
relació sexual

ຖົງຢາງອະນາໄມ
preservatiu

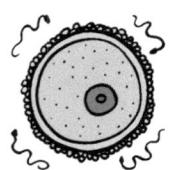

ເຊລສືບພັນ
ovari

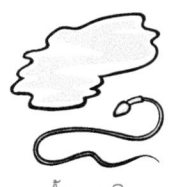

ນ້ຳອະສຸຈິ
semen

ການຖືພາ
prenyat

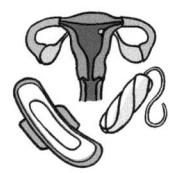

ປະຈຳເດືອນ
....
menstruació

ຊ່ອງຄອດ
....
vagina

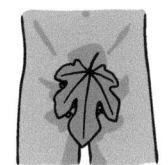

ອະໄວຍະວະເພດຊາຍ
....
penis

ຄິ້ວ
....
cella

ເສັ້ນຜົມ
....
cabells

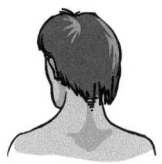

ຄໍ
....
coll

ໂຮງໝໍ

hospital

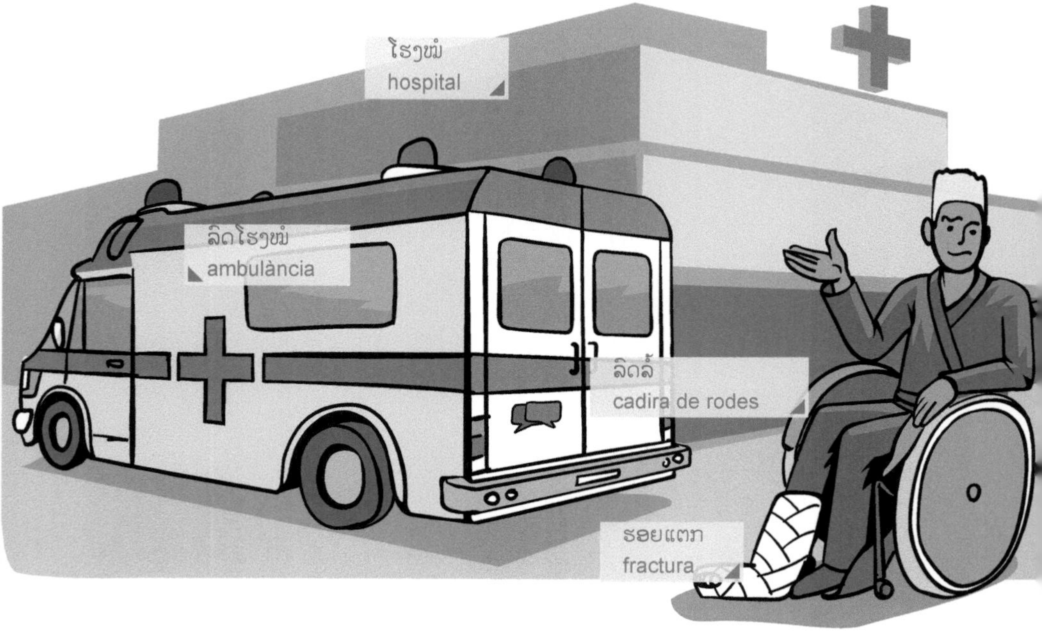

ໂຮງໝໍ
hospital
ລົດໂຮງໝໍ
ambulància
ລົດລໍ້
cadira de rodes
ຮອຍແຕກ
fractura

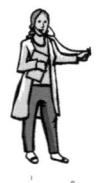

ທ່ານໝໍ

doctora

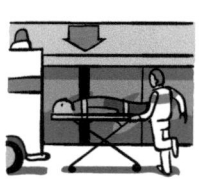

ຫ້ອງສຸກເສີນ

sala d'urgències

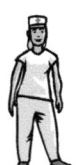

ພະຍາບານ

infermera

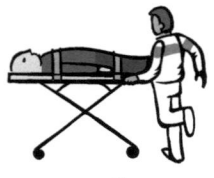

ສຸກເສີນ

urgència

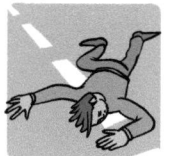

ໝົດສະຕິ

inconscient

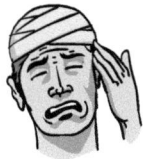

ອາການເຈັບປວດ

dolor

ການບາດເຈັບ

ferida

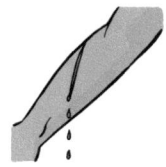

ເລືອດໄຫຼ

sagnament

ຫົວໃຈວາຍ

atac de cor

ໂຣກຫຼອດເລືອດໃນສະໝອງ

apoplexia

ອາການແພ້

al·lèrgia

ໄອ

tos

ໄຂ້

febre

ໄຂ້ຫວັດ

gripa

ຖອກທ້ອງ

diarrea

ເຈັບຫົວ

mal de cap

ໂຣກມະເລງ

càncer

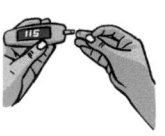

ພະຍາດເບົາຫວານ

diabetis

ໝໍຜ່າຕັດ

cirurgià

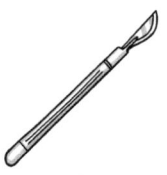

ມີດຜ່າຕັດ

escalpel

ການຜ່າຕັດ

operació

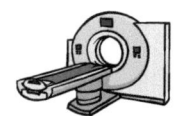

ເຄື່ອງເອັກສເຣເຣຄອມພິວເຕີ

tomografia computada (TC),
TAC

ເອັກສ໌-ເຣ

raigs x

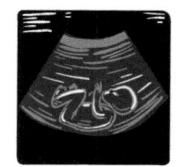

ອູລຕຣາຊາວ (ultrasound)

ultrasò

ໜ້າກາກອະນາໄມ

mascareta

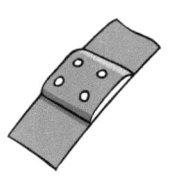

ພະຍາດ

malaltia

ຫ້ອງລໍຖ້າ

sala d'espera

ໄມ້ຄ້າຂ້ຶແຣ້

crossa

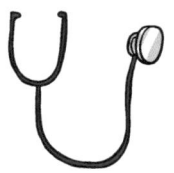

ຜ້າຢາງຕິດບາດ

tireta

ຜ້າພັນແຜ

embenat

ສັກຢາ

injecció

ເຄື່ອງຟັງປອດຫົວໃຈ

estetoscopi

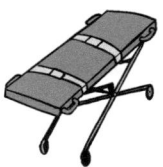

ເປຫາມຄົນເຈັບ

llitera

ບາຫຼອດວັດໄຂ້

termòmetre clínic

ການເກີດ

pariment

ນ້ຳຫັນກາເກີນ

sobrepès

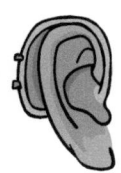

ເຄື່ອງຊ່ວຍຟັງ

aparell auditiu

ນ້ຳຢາຂ້າເຊື້ອ

desinfectant

ການຕິດເຊື້ອ

infecció

ເຊື້ອໄວຣັສ

virus

HIV / ເອດສ໌

VIH / SIDA

ຢາ

medicina

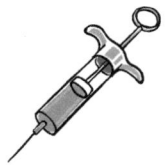

ການສັກວັກຊິນ

vaccí

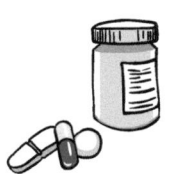

ຢາເມັດ

comprimits

ຢາເມັດ

píl·lola

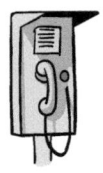

ໂທຫາກສຸກເສີນ

trucada d'urgència

ເຄື່ອງວັດຄວາມດັນເລືອດ

tensiòmetre

ໄຂ້ / ສຸຂະພາບດີ

malalt / sà

ສັນຍານເຕືອນໄພ

alarma

ການທຳຮ້າຍຮ່າງກາຍ

assalt

ຊ່ວຍດ້ວຍ!

Socors!

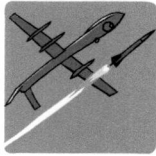

ການໂຈມຕີ

atac

ອັນຕະລາຍ

perill

ທາງອອກສຸກເສີນ

sortida-eixida d'urgència

ໄຟໄໝ້!

Foc!

ບັ້ງດັບເພີງ

extintor

ອຸປະຕິເຫດ

accident

ຊຸດປະຖົມພະຍາບານຂັ້ນຕົ້ນ

farmaciola de primers auxilis

ສັນຍານຂໍຄວາມຊ່ວຍເຫຼືອ

SOS

ຕຳຫຼວດ

policia

ເອີຣົບ

Europa

ອາເມລິກາເໜືອ

Amèrica del Nord

ອາເມລິກາໃຕ້

Amèrica del Sud

ອາຟຣິກາ

Àfrica

ເອເຊຍ

Àsia

ອອສເຕຣເລຍ

Austràlia

ແອດແລນຕິກ

Atlàntic

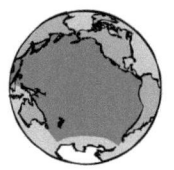

ປາຊິຟິກ

Pacific

ມະຫາສະໝຸດອິນເດຍ

Oceà Índic

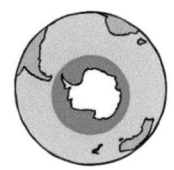

ມະຫາສະໝຸດແອນຕາຕິກ

Oceà Antàrtic

ມະຫາສະໝຸດອາກຕິກ

Oceà Àrtic

ຂົ້ວໂລກເໜືອ

pol nord

ຂົ້ວໂລກໃຕ້

pol sud

ແອນຕາຕິກາ

Antàrtida

ໂລກ

terra

ດິນ

país

ທະເລ

mar

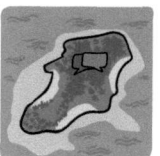

ເກາະ

illa

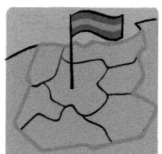

ຊາດ / ປະເທດຊາດ

nació

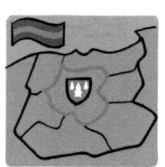

ລັດ

estat

rellotge

ໜ້າປັດໂມງ

quadrant

ເຂັມໂມງ

agulla de les hores

ເຂັມນາທິ

agulla dels minuts

ເຂັມອິນາທິ

agulla dels segons

ຈັກໂມງແລ້ວ?

Quina hora és?

ວັນ

dia

ເອລາ

temps

ຕອນນີ້

ara

ໂມງດິຈິຕອລ

rellotge digital

ນາທິ

minut

ຊົ່ວໂມງ

hora

setmana

Lao	Catalan
ອັນຈັນ	dilluns
ອັນຄານ	dimarts
ອັນພຸດ	dimecres
ອັນພະຫັດ	dijous
ອັນສຸກ	divendres
ອັນເສົາ	dissabte
ອັນອາທິດ	diumenge

ມື້ວານນີ້
ahir

ມື້ນີ້
avui

ມື້ອື່ນ
demà

ຕອນເຊົ້າ
matí

ຕອນທ່ຽງ
migdia

ຕອນແລງ
tarda

ອັນເຮັດວຽກ
dia feiner

ທ້າຍສັບປະດາ
cap de setmana

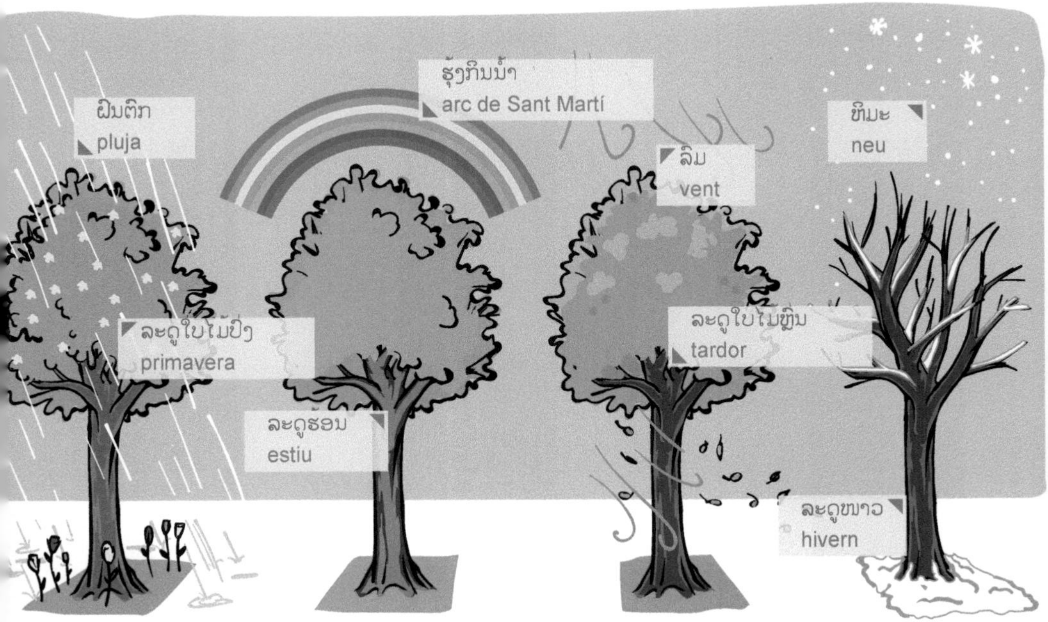

ຝົນຕົກ
pluja

ຮຸ້ງກິນນ້ຳ
arc de Sant Martí

ລົມ
vent

ຫິມະ
neu

ລະດູໃບໄມ້ປົ່ງ
primavera

ລະດູຮ້ອນ
estiu

ລະດູໃບໄມ້ຫຼົ່ນ
tardor

ລະດູໜາວ
hivern

4.APRIL	11°	☀
5.APRIL	4°	🌧
6.APRIL	13°	🌧
7.APRIL	8°	❄
8.APRIL	10°	☀

ການພະຍາກອນອາກາດ

pronòstic del temps

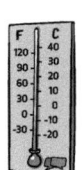

ເຄື່ອງວັດອຸນຫະພູມ

termòmetre

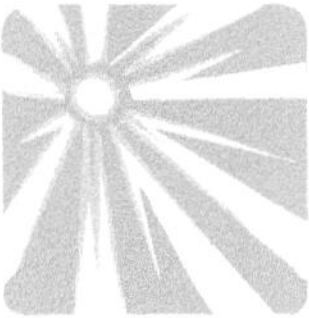

ແສງແດດ

llum del sol

ຂີ້ເຝື່ອ

núvol

ໝອກ

boira

ຄວາມຊຸ່ມ

humiditat de l'aire

ສາຍຟ້າແມບ
....
llamp

ຟ້າຮ້ອງ
....
tro

ພະຍຸ
....
tempesta

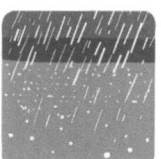

ພາກເຫັບ
....
calamarsa

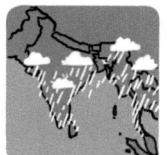

ລົມມໍລະສຸມ
....
monsó

ນ້ຳຖ້ວມ
....
inundació

ນ້ຳກ້ອນ
....
gel

ມັງກອນ
....
gener

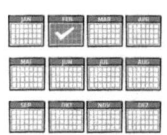

ກຸມພາ
....
febrer

ມິນາ
....
març

ເມສາ
....
abril

ພຶດສະພາ
....
maig

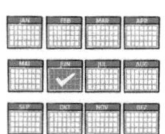

ມິຖຸນາ
....
juny

ກໍລະກົດ
....
juliol

ສິງຫາ
....
agost

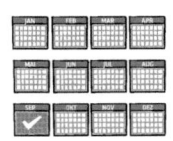

ກັນຍາ
....
setembre

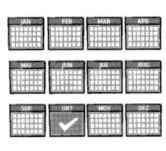

ຕຸລາ
....
octubre

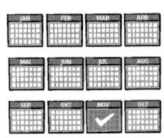

ພະຈິກ
....
novembre

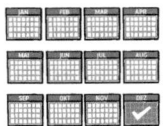

ທັນວາ
....
desembre

ວົງມົນ
....
cercle

ສີ່ຫຼ່ຽມ
....
quadrat

ຮູບສີ່ຫຼ່ຽມມຸມສາກ
....
rectangle

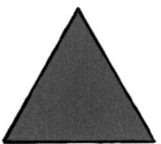

ສາມຫຼ່ຽມ
....
triangle

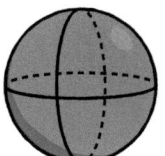

ໝ່ວຍກົມ
....
esfera

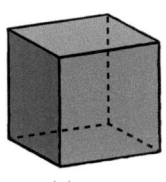

ຮູບສີ່ຫຼ່ຽມມິນທິນ
....
cub

colors

ສີຂາວ
....
blanc

ສີເຫຼືອງ
....
groc

ສີສົ້ມ
....
taronja

ສີບົວ
....
rosa

ສີແດງ
....
vermell

ສີມ່ວງ
....
lila

ສີຟ້າ
....
blau

ສີຂຽວ
....
verd

ສີນ້ຳຕານ
....
marró

ສີເທົາ
....
gris

ສີດຳ
....
negre

ຫຼາຍ / ນ້ອຍ

molt / poc

ໃຈຮ້າຍ / ໃຈເຢັນ

emprenyat / tranquil

ງາມ / ຂີ້ຮ້າຍ

bonic / lleig

ການເລີ່ມຕົ້ນ / ການສິ້ນສຸດ

començament / fi

ໃຫຍ່ / ນ້ອຍ

gran / petit

ແຈ້ງ / ມືດ

clar / fosc

ນ້ອງຊາຍກົ້ອ້າຍ /
ນ້ອງສາວກົ້ເອື້ອຍ

germà / germana

ສະອາດ / ເປື້ອນ

net / brut

ສຳເລັດ / ບໍ່ສຳເລັດ

complet / incomplet

ກາງວັນ / ກາງຄືນ

dia / nit

ຕາຍ / ມີຊີວິດ

mort / viu

ກວ້າງ / ແຄບ

ample / estret

ກິນໄດ້ / ກິນບໍ່ໄດ້

comestible / immenjable

ຂີ້ຮ້າຍ / ໃຈດີ

dolent / amable

ໝ້າຕື່ນເຕັ້ນ / ໝ້າເບື່ອ

entusiasmat / entediat

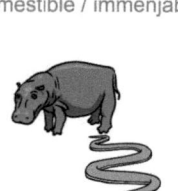

ອ້ວນ / ຈ່ອຍ

gros / prim

ທຳອິດ / ສຸດທ້າຍ

primer / darrer

ເພື່ອນ / ສັດຕູ

amic / enemic

ເຕັມ / ວ່າງເປົ່າ

ple / buit

ແຂງ / ນຸ້ມ

dur / tou

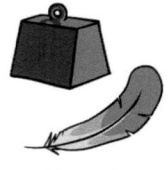

ໜັກ / ເບົາ

pesant / lleuger

ຄວາມທົ່ວ / ຄວາມທົ່ວນຳ

gana / set

ໄຂ້ / ສຸຂະພາບດີ

malalt / sà

ຜິດກົດໝາຍ / ຖືກກົດໝາຍ

il·legal / legal

ສະຫຼາດ / ໂງ່

intel·ligent / ximple

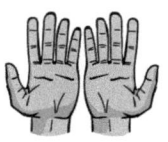

ຊ້າຍ / ຂວາ

esquerra / dreta

ໃກ້ / ໄກ

prop / llunyà

ໃໝ່ / ໃຊ້ແລ້ວ

nou / usat

ບໍ່ມີຫຍັງ / ບາງສິ່ງບາງຢ່າງ

res / quelcom

ແກ່ / ໜຸ່ມ

vell / jove

ເປີດ / ປິດ

encès / apagat

ເປີດ / ປິດ

obert / tancat

ງຽບ / ດັງ

silenciós / sorollós

ຮັ່ງມີ / ຍາກຈົນ

ric / pobre

ຖືກ / ຜິດ

correcte / incorrecte

ບໍ່ລຽບ / ລຽບ

aspre / suau

ໂສກເສົ້າ / ດີໃຈ

trist / content

ສັ້ນ / ຍາວ

curt / llarg

ຊ້າ / ໄວ

lent / ràpid

ປຽກ / ແຫ້ງ

humit / sec - eixut

ອົບອຸ່ນ / ໜາວເຢັນ

calent / fred

ສົງຄາມ / ສັນຕິພາບ

guerra / pau

0

ສູນ

zero

1

ໜຶ່ງ

u

2

ສອງ

dos

3

ສາມ

tres

4

ສີ່

quatre

5

ຫ້າ

cinc

6

ຫົກ

sis

7

ເຈັດ

set

8

ແປດ

vuit

9

ເກົ້າ

nou

10

ສິບ

deu

11

ສິບເອັດ

onze

12
ສິບສອງ
dotze

13
ສິບສາມ
tretze

14
ສິບສີ່
catorze

15
ສິບຫ້າ
quinze

16
ສິບຫົກ
setze

17
ສິບເຈັດ
disset

18
ສິບແປດ
divuit

19
ສິບເກົ້າ
dinou

20
ຊາວ
vint

100
ໜຶ່ງຮ້ອຍ
cent

1.000
ໜຶ່ງພັນ
mil

1.000.000
ໜຶ່ງລ້ານ
milió

llengües

ພາສາອັງກິດ

anglès

ພາສາອັງກິດແບບອາເມລິກັນ

anglès americà

ພາສາຈີນແມນດາຣິນ

xinès mandarí

ພາສາຮິນດີ

hindi

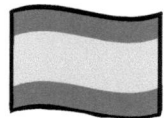

ພາສາສະເປນ

espanyol

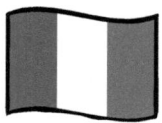

ພາສາຝຣັ່ງເສດ

francès

ພາສາອາຣັບ

àrab

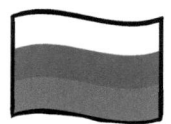

ພາສາຣັດເຊຍ

rus

ພາສາປ໊ອກຕຸຍການ

portuguès

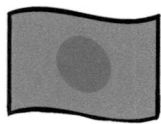

ພາສາແບງກາອລ

bengalí

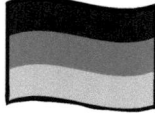

ພາສາເຢຍລະມັນ

alemany

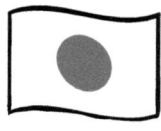

ພາສາຍີ່ປຸ່ນ

japonès

ຂ້ອຍ
jo

ເຈົ້າ
tu

ລາວ (ຜູ້ຊາຍ) / ລາວ (ຜູ້ຍິງ) / ມັນ
ell / ella / allò

ພວກເຮົາ
nosaltres

ພວກເຈົ້າ
vosaltres

ພວກເຂົາ
ells

ໃຜ?
qui?

ແມ່ນຫຍັງ?
què?

ແນວໃດ?
com?

ຢູ່ໃສ?
on?

ເມື່ອໃດ?
quan?

ຊື່
nom

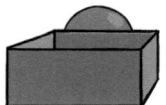

ຢູ່ທາງຫຼັງ

darrere

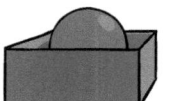

ໃນ

en

ຢູ່ທາງໜ້າ

davant de

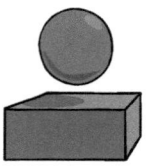

ເໜືອກວ່າ

damunt

ຢູ່ເທິງ

sobre

ຢູ່ກ້ອງ

sota

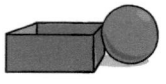

ທາງຂ້າງ

al costat

ຢູ່ລະຫວ່າງ

entre

ສະຖານທີ່

lloc